Isidor Eginhard Schmieder

Die pädagogischen Anschauungen Montaignes

Isidor Eginhard Schmieder

Die pädagogischen Anschauungen Montaignes

ISBN/EAN: 9783743352407

Hergestellt in Europa, USA, Kanada, Australien, Japan

Cover: Foto ©Thomas Meinert / pixelio.de

Manufactured and distributed by brebook publishing software (www.brebook.com)

Isidor Eginhard Schmieder

Die pädagogischen Anschauungen Montaignes

DIE
PÄDAGOGISCHEN ANSCHAUUNGEN MONTAIGNES.

INAUGURAL-DISSERTATION,

DER HOHEN PHILOSOPHISCHEN FAKULTÄT

DER UNIVERSITÄT LEIPZIG

ZUR

ERLANGUNG DER DOCTORWÜRDE

VORGELEGT VON

ISIDOR SCHMIEDER.

LEIPZIG
GUSTAV FOCK
1898.

Litteratur.

Les Essais de Montaigne. Par Courbet et Royer. IV vol. Paris, Lemerre. 1872—75. An Stelle des mir fehlenden vierten Bandes habe ich den vierten Band der Ausgabe von Pierre und Firmin Didot, Paris, au X. (1802), benutzt.

M. veröffentlichte 1580 die ersten beiden Bücher der Essais unter dem Titel: Les Essais de messire Michel, seigneur de M., livres premier et second, Bordeaux. 1588 erschien eine neue Ausgabe, vermehrt um das dritte Buch und um 600 Zusätze zu den beiden ersten; Paris, Abel l'Angelier.

Als M. 1592 starb, hinterliess er zwei Exemplare der Ausgabe von 1588. Diese enthielten von seiner Hand viele Korrekturen, die jedoch in beiden Exemplaren verschieden waren. Das Exemplar, welches man für das beste hielt, übergab die Witwe dem Fräulein von Gournay behufs einer neuen Ausgabe (1595), deren Text heute noch der gewöhnliche ist und der auch der Ausgabe von Courbet und Royer zu Grunde liegt.

Das andere der beiden Exemplare gelangte in die Bibliothek von Bordeaux, wo es jetzt noch ist; es diente der Ausgabe P. und F. Didot.

Es giebt also in Wirklichkeit drei Texte: den von 1588, den von 1595 und den der Bibliothek von Bordeaux.

Ins Deutsche wurden die Essais vollständig übersetzt von Bode, Michael Montaignes Gedanken und Meinungen über allerley Gegenstände. 7 Bände. Berlin, Lagarde. 1793.

Wenn auch durchaus nicht fehlerlos, so giebt diese Übersetzung durch Kraft und Fülle des Ausdrucks den Geist und den Stil Montaignes sehr gut wieder.

Die pädagogischen Äusserungen Ms. insbesondere wurden ins Deutsche übertragen von

Karl Reimer, M. von Montaigne. Ansichten über die Erziehung der Kinder. Päd. Bibl., herausgegeben von K. Richter, IV. Bd., 1. Abt., Leipzig;

Ernst Schmid, Michel de Montaigne, Auswahl aus den Essais; in Beyers päd. Bibliothek — und von

Gustav Reichert, Michel de Montaignes Gedanken über Erziehung und Unterricht. Magdeburg. 1878.

Schmids Encyklopädie, Artikel über Montaigne von Schiller.
Gustav Baur, Grundzüge der Erziehungslehre. Giessen. 1876.
Karl v. Raumer, Gesch. der Päd. Gütersloh. 1877.
Ziegler, Geschichte der Pädagogik.

Gabriel Compayré, Hist. critique des doctrines de l'éducation en France depuis le XVIe siècle. Paris, Hachette. 1885.

Gabriel Compayré, ein Artikel über M. im Dictionnaire de pédagogie et d'instruction primaire, publié sous la direction de M. Buisson. Paris, Hachette. 1888.

Guizot, Méditations et études morales. Paris, Didier. 1852. Von Guizot befindet sich auch ein Artikel über M. in den Annales de l'éducation, Jahrgang 1812. Ich werde nach den „Méditations" zitieren, da diese leichter erhältlich sind.

Réaume, Rabelais et Montaigne pédagogues. Paris. 1886.

Mme. Jules Favre, née Velten, Montaigne moraliste et pédagogue. Paris, Fischbacher. 1887.

Fr. Aug. Arnstädt, François Rabelais und sein Traité d'éducation mit besonderer Berücksichtigung der päd. Grundsätze Montaignes, Lockes und Rousseaus. Leipzig. 1872.

Liermann, Montaigne. Päd. Blätter für Lehrerbildung und Lehrerbildungsanstalten, begr. von Dr. C. Kehr, herausgeg. von G. Schöppa. 1875. 4. Heft.

Theodor Arndt, Montaignes Ideen über Erziehung. Programm des Königl. Seminars zu Friedrichstadt-Dresden. 1875.

Karl Kruse, Die päd. Meinungen des M. Montaigne nach den Begriffen und Grundsätzen der phil. Päd. dargestellt und beurteilt. J. D. Jena. 1881.

Bauck, J.-J. Rousseau und Montaigne. Programm des Königl. Friedrichs-Gymnasiums zu Gumbinnen. 1885.

Stanislaus Arendt, Pensées de M. de Montaigne en matière d'éducation d'enfants. Programm des Königl. kath. Gymnasiums zu Sagan. 1889.

Jos. Kehr, Die Erziehungsmethode des Michael von Montaigne, dargelegt und beurteilt. Programm des Progymnasiums zu Eupen. 1889.

Erich Masius, Die päd. Ansichten Montaignes. J. D. Leipzig. 1890.

Carl Max Mehner, Der Einfluss Montaignes auf die päd. Ansichten von John Locke. J. D. Leipzig. 1891.

Heinrich Pudor, Die Bedeutung Montaignes für die Pädagogik unserer Zeit. Päd. Blätter u. s. w. 1896. 5. Heft.

Karl Gaebel, Montaignes päd. Grundsätze nach ihrer Veranlassung, ihrem Werte und Einflusse. In der Zeitschrift „Die deutsche Volksschule". 1896. Nr. 30—32.

Collection complète des oeuvres de J.-J. Rousseau. 12 vol. Neuchatel. 1775. Diese Sammlung enthält noch nicht die Konfessionen.

Les Confessions de J.-J. Rousseau. Oeuvres t. I—III. Paris. Lefèvre. 1819.

Brockerhoff, Rousseaus Leben und Werke. 3 Bde. 1863.

Einleitung.

Montaigne ist Philosoph und Pädagog. Seine philosophischen Anschauungen sind — wie es bei einem Zeitraume von dreihundert Jahren nicht anders zu erwarten ist — unzählige Male dargestellt worden; die Litteratur über seine Pädagogik aber setzt erst mit dem Jahre 1812 ein, als Guizot in den Annales de l'éducation eine lobende Kritik über seine Ansichten vom Erziehungswesen veröffentlichte. Das Verdienst, auch in Deutschland das Interesse für den französischen Pädagogen wachgerufen zu haben, gebührt dem Professor Karl von Raumer, der ihm in seiner Geschichte der Pädagogik einen längeren Artikel gewidmet hat. Seit Raumer sind dann eine ganze Anzahl von Abhandlungen über ihn erschienen. Ihre Titel finden sich alle in meiner Litteraturangabe.

Angesichts der Thatsache nun, dass sich schon so viele Männer mit den pädagogischen Ansichten Montaignes beschäftigt haben, fragt man sich, ob es von irgend welchem wissenschaftlichen oder praktischen Nutzen ist, die Zahl der vorhandenen Abhandlungen noch um eine zu vermehren. Zur Beantwortung dieser Frage fällt mir zunächst ein, was Montaigne von den Schriften des Livius sagt. „Ich habe," meint er,[1] „im Livius hundert Dinge gelesen, die dieser oder jener nicht darin gefunden hat. Plutarch hat noch hundert andere darin gelesen, die wieder mir entgangen sind." Ebenso möchte ich von Montaignes Essais behaupten, dass man, obgleich schon lange aus ihnen geschöpft worden ist, noch immer aus ihnen schöpfen kann, ohne sie zu erschöpfen.

Aber noch andere Thatsachen scheinen mir dieser Arbeit die Existenzberechtigung zu geben, ja sogar ihre Notwendigkeit

---

[1] Essais t. I, p. 191: I'ay leu en Tite Live cent choses que tel n'y a pas leu. Plutarche y en a leu cent; outre ce que i'y ay sçeu lire.

zu beweisen, nämlich die Mängel der früheren Abhandlungen. Nach den Hauptmängeln kann man alle vorhandenen Arbeiten in drei Gruppen teilen:

1. in solche, die sich nur an mehr oder weniger unvollständige und unzuverlässige Übersetzungen halten und schon deswegen nicht als wissenschaftliche Arbeiten gelten können;

2. in solche, die keine Rücksicht auf die vorhandene Litteratur nehmen, und

3. in solche, die beide eben genannte Fehler aufweisen.

Ich werde nun in meiner Abhandlung an die Quelle selbst gehen; ich werde die Essais in der Sprache benutzen, in der sie Montaigne geschrieben hat, und dabei nicht bloss, wie es gewöhnlich geschieht, das bekannte 24. und 25. Kapitel des ersten Buches, sondern das ganze Werk als Fundgrube pädagogischer Äusserungen betrachten. Sodann werde ich die vorhandene Litteratur heranziehen und die einzelnen Meinungen über gewisse Punkte miteinander vergleichen. Nur auf diese Weise, glaube ich, wird es möglich sein, Wahrheit und Klarheit in die oft verschiedenen Ansichten über Montaignes pädagogische Anschauungen zu bringen. Und sollten durch meine Untersuchung die landläufigen Meinungen über die Pädagogik Montaignes auch nur in wenigen Punkten berichtigt werden, so würde ich doch eine solche Richtigstellung für wichtig genug halten, um diese Abhandlung zu rechtfertigen.

Die Darstellung von Montaignes pädagogischen Anschauungen wird nun zwar den Kern, aber nur einen Teil meiner Arbeit ausmachen. Um sich einen rechten Begriff von der Wichtigkeit und Tragweite der Ansichten Montaignes bilden zu können, ist es unumgänglich, in einem nächsten Teile auch von dem Einflusse zu reden, den Montaigne auf seine Zeitgenossen, auf die folgenden Jahrhunderte und besonders auf Rousseau ausgeübt hat. Beiden Teilen muss ich aber einige Bemerkungen über Montaigne selbst vorausschicken; denn nur dann ist seine Pädagogik zu verstehen, wenn man sie in den Rahmen seines Entwickelungsganges und seines persönlichen Wesens hineinstellt. So beginne ich denn meine Arbeit, indem ich zunächst von dem Leben und der Persönlichkeit Montaignes spreche.

I. Teil.

Montaignes Leben und Persönlichkeit.

Michel Eyquem de Montaigne wurde am 28. Februar 1533 auf dem Schlosse Montaigne in Perigord geboren. Sein Vater bestimmte ihn für die Verwaltung und liess ihn zu dem Zwecke unter seiner Aufsicht besonders in den alten Sprachen unterrichten. Dabei wandte er Methoden an — er hatte sie auf seinen Feldzügen in Italien kennen gelernt — die dem Kinde beim Lernen alle Anstrengung ersparen sollten. Montaigne giebt uns selber darüber Aufschluss. Er erzählt[1]): „Noch an der Mutter Brust und noch ehe sich meine Zunge gelöst hatte, übergab mich mein Vater einem Deutschen, der seitdem in Frankreich als berühmter Arzt gestorben ist. Dieser war unserer Sprache vollständig unkundig, im Lateinischen dagegen sehr bewandert. Mein

---

[1]) Essais t. I, p. 214: ... en nourrice, et avant le premier desnouement de ma langue, il me donna en charge à un Allemand, qui depuis est mort fameux medecin en France, du tout ignorant de nostre langue, et tres bien versé en la Latine. Cettuy-cy, qu'il avoit fait venir expres, et qui estoit bien cherement gagé, m'avoit continuellement entre les bras. Il en eut aussi avec luy deux autres moindres en sçavoir, pour me suivre, et soulager le premier: ceux-cy ne m'entretenoient d'autre langue que Latine. Quant au reste de sa maison, c'estoit une regle inviolable, que ny luy mesme, ny ma mere, ny valet, ny chambriere ne parloient en ma compagnie, qu'autant de mots de Latin, que chacun avoit appris pour iargonner avec moy. C'est merveille du fruict que chacun y fit: mon pere et ma mere y apprindrent assez de Latin pour l'entendre, et en acquirent à suffisance, pour s'en servir à la necessité, comme firent aussi les autres domestiques, qui estoient plus attachez à mon service. Somme, nous nous latinizames tant, qu'il en regorgea iusques à nos villages tout autour, où il y a encores, et ont pris pied par l'usage, plusieurs appellations Latines d'artisans et d'outils. Quant à moy, i'avois plus de six ans avant que i'entendisse non plus de Français ou de Périgordin, que d'Arabesque: et sans art, sans livre, sans grammaire ou precepte, sans fouet, et sans larmes, i'avois appris du Latin, tout aussi pur que mon maistre d'escole le sçavoit: car ic ne le pouvois avoir meslé ny alteré.

Vater hatte ihn ausdrücklich kommen lassen und bezahlte ihn sehr teuer. Dieser Mann hatte mich fortwährend auf den Armen. Ihm standen noch zwei andere, weniger gelehrte Männer zur Seite, die überall um mich sein und ihn unterstützen sollten; diese redeten auch nur lateinisch mit mir. Was die übrigen Personen, die in unserem Hause waren, betrifft, so war es eine unverbrüchliche Regel, dass weder mein Vater selbst, noch meine Mutter, noch Kammerdiener, noch Kammermädchen in meiner Gegenwart andere als diejenigen lateinischen Worte hören liessen, die sie, um mit mir zu plaudern, gelernt hatten. Es war wunderbar, welche Fortschritte jeder darin machte; mein Vater und meine Mutter brachten es dabei so weit, dass sie das Latein verstanden und zur Not auch sprechen konnten, ebenso die Diener, die öfter um mich waren. Kurz — wir gewöhnten uns so an das Latein, dass es sich sogar über die umliegenden Ortschaften ausbreitete, wo es noch jetzt von Werkzeugen und Hausgeräten verschiedene lateinische Benennungen giebt, die sich durch den Gebrauch eingebürgert haben. Was mich betrifft, so verstand ich, als ich sechs Jahre alt war, vom Französischen oder Perigordischen nicht mehr als vom Arabischen; aber ohne Kunst, ohne Buch, ohne Grammatik oder Regel, ohne Geissel und ohne Thräne hatte ich das Latein so rein gelernt, als mein Lehrmeister es verstand, denn nichts hatte es verunreinigen oder verderben können."

Was das Griechisch betrifft, so lernte es Montaigne auf künstlichem Wege, aber nach einer Methode, die die Übungen mit Belustigungen verband.[1]) Das Bestreben des Vaters, seinen Sohn ohne Härte und Zwang zu erziehen, ging so weit, dass er in der Meinung, man schade dem zarten Gehirne der Kinder, wenn man sie des Morgens plötzlich dem Schlafe entreisse, ihn durch den Ton eines Instrumentes aufwecken liess.[2])

Als sechsjähriger Knabe kam Montaigne in die Schule zu Guyenne, damals eine der besten ganz Frankreichs.[3]) Hier las er Ovids Metamorphosen, Virgils Äneide, Terenz und Plautus mit solcher Gier, dass er darüber alle anderen

---

[1]) Essais t. I, p. 215: Quant au Grec, ... mon pere desseigna me le faire apprendre par art. Mais d'une voie nouvelle, par forme d'ébat et d'exercice.

[2]) Essais t. I, p. 215: ... par ce qu'aucuns tiennent, que cela trouble la cervelle tendre des enfans, de les esveiller le matin en sursaut, et de les arracher du sommeil ... tout à coup, et par violence, il me faisoit esveiller par le son de quelque instrument.

[3]) Essais t. I, p. 216.

Wissenszweige vernachlässigte. Zum „Glück", wie Montaigne selbst sagt, hatte er einen vernünftigen Mann zum Lehrer, der es verstand, ihm diese wie andere Ungehörigkeiten in geschickter Weise nachzusehen, indem er sich den Anschein gab, als ob er nichts bemerkte, und ihn nur sanft zu den vorgeschriebenen Arbeiten anhielt.[1])

Mit zwölf Jahren verliess er Guyenne, um sich — wahrscheinlich in Toulouse — dem Studium des Rechts zu widmen, und mit dreiundzwanzig Jahren bekleidete er die Stelle eines Rats am Parlamente zu Bordeaux. Doch scheint ihm dieses Amt nicht sonderlich viel Arbeit gemacht zu haben, denn er fand noch genug Zeit, auf Bitten seines Vaters die „natürliche Theologie (Theologia naturalis sive liber creaturarum)" von Raimond Sebond ins Französische zu übersetzen und im Jahre 1569 zu veröffentlichen.

Als der Vater 1571 starb, entsagte Montaigne aus Abneigung gegen die Kniffe der Juristen dem öffentlichen Dienste und zog sich auf sein Stammschloss zurück, wo er in ländlicher Stille dem Studium und schriftstellerischer Thätigkeit oblag. Durch Herausgabe der hinterlassenen Schriften seines intimen Freundes Étienne de La Boétie [2]) und durch Veröffentlichung seiner Essais erregte er das grösste Aufsehen. Im Jahre 1580 wählte ihn die Stadt Bordeaux zu ihrem Maire. Er übernahm dieses Amt, obwohl keine Besoldung damit verbunden war, und entledigte sich seiner Aufgabe so gut, dass er im Jahre 1583 abermals auf zwei Jahre an die Spitze der städtischen Verwaltung gerufen wurde [3]).

In den letzten Jahren seines Lebens wurde Montaigne von einer Steinkrankheit geplagt; zu ihrer Heilung unternahm er nach französischen, deutschen und italienischen Bädern mehrere Reisen, als deren litterarisches Ergebniss eine unbedeutende Reisebeschreibung und eine Anzahl Briefe geschäftlichen und familiären Inhalts auf uns gekommen sind. Auch die immerwährenden Bürgerkriege trugen dazu bei, den Lebensabend Montaignes zu trüben. Zwar hatte er, ob-

---

[1]) Essais t. I, p. 217.
[2]) La Boétie starb im Alter von 33 Jahren im Jahre 1563. Alle, die ihn kannten, rühmten seinen Charakter. Er hinterliess ausser einigen Gedichten mittleren Wertes und etlichen Übersetzungen eine Schrift von grösserer Bedeutung, die den Titel führt: Discours de la servitude volontaire ou le Contr'un. In dem Freundschaftsbunde mit Montaigne ist ihm die führende Rolle zuzuschreiben, nicht jenem, wie man gewöhnlich annimmt. Näheres über ihn bei Doumic, S. 150 f. und 172. (Hist. de la Litt. franç.)
[3]) Essais t. IV, p. 148 et 149.

gleich er allein von allen Edelleuten sein Schloss ohne Verteidigungsanstalten liess, keine Gewaltthätigkeiten zu erleiden; doch kam er in die Unannehmlichkeit, welche die Mässigung mit sich führt, von beiden Parteien verdächtigt zu werden. Der Tod erlöste ihn am 13. September desselben Jahres, das im fernen Mähren einem andern, grössern Manne das Leben gab.

Montaigne und Komenius, beide können mit Luther als Ausgangspunkte der modernen pädagogischen Anschauungen gelten; von Südwesten und Südosten her näherten sich die beiden von ihnen ins Leben gerufenen oder doch deutlicher bestimmten Strömungen, um auf deutschem Boden mit der von Luther ausgehenden zusammenzutreffen und hier ein Erziehungswesen zu entfalten, das noch heute in vielen Beziehungen von aller Welt als Muster angesehen und erstrebt wird. —

Die Bedeutung Montaignes als eines Schriftstellers und Denkers beruht in seinen Essais. Der Gegenstand, den sie behandeln, ist scheinbar sehr einfach. Der Verfasser behauptet, bei ihrer Abfassung keinen andern Zweck gehabt zu haben als den, sich selbst zu schildern und dadurch sich selbst zu erkennen. „Ich will," sagt er in der Vorrede,[1]) „mich in meiner einfachen, natürlichen, gewöhnlichen Art zeigen, ohne Verstellung und Ziererei: daher bin ich selbst der Gegenstand, den ich male. Meine Fehler werden klar hervortreten, meine Unvollkommenheiten und mein unbefangenes Wesen insoweit, als es mir die Ehrerbietung vor dem Publikum erlaubt hat. Wenn ich freilich unter jenen Völkern gewohnt hätte, von denen man sagt, dass sie noch in der süssen Freiheit der ersten Naturgesetze leben, so hätte ich mich gern in allen meinen Teilen und in vollkommener Nacktheit gezeichnet." Nun, man kann sagen: Er hat sich in dieser Nacktheit gemalt, trotzdem dass er sich unter zivilisierten Menschen befand. Er erzählt uns von seiner Lebensweise und von seiner Person bis in alle Einzelheiten; er beschreibt die Züge seines Gesichts, seine körperliche Haltung, seine Gesundheit, den Gebrauch, den er von ihr

---

[1]) Essais t. I, p. 2: Je veux qu'on m'y voye en ma façon simple, naturelle et ordinaire, sans estude et artifice: car c'est moy que ie peins. Mes defauts s'y liront au vif, mes imperfections et ma forme naïfue, autant que la reverence publique me l'a permis. Que si i'eusse esté parmy ces nations qu'on dit vivre encore souz la douce liberté des premieres loix de nature, ie t'asseure que ie m'y fusse tres volontiers peint tout entier, et tout nud.

macht, seine Krankheiten und seine Heilversuche. Seine Handlungen, seine Gefühle, seine Gedanken, sogar die geheimsten und niedrigsten — alles enthüllt er, selbst auf die Gefahr hin, das Schamgefühl seiner Leser zu beleidigen. Das ganze Buch ist ein offenes Bekenntnis ohne Sehnsucht nach Vergebung und ohne Reue. Kein Wunder, wenn fromme Männer wie Pascal[1]) und Arnauld[2]) daran Anstoss nahmen!

Um sich selbst zu erkennen, darf man aber nicht bloss in sich hineinschauen, sondern man muss auch um sich blicken. Montaigne weiss das recht wohl. Daher hält er Umschau in der Welt, in der er lebt. Er stellt Betrachtungen an über seine Nachbarn, zuerst über die Gaskogner, dann über die Franzosen, die Deutschen, die Italiener, die Engländer, die Spanier, und nicht nur über seine Nachbarn dem Raume nach, sondern auch über die der Zeit nach: er durchstreift im Geiste die Jahrhunderte, die vor ihm waren, und liebt besonders, im klassischen Altertume zu verweilen. Er vergleicht mit seinem Vaterlande die beiden Welten, die man ungefähr hundert Jahre vor ihm entdeckt hat: die Welt der Natur in Amerika und die Welt der Bildung in Griechenland und Rom. Er findet in den Einrichtungen, Meinungen und Sitten, von der Mode der Kleidung an bis zur Moral und Religion, den grössten Unterschied, den man sich denken kann. Aus seinen Unterhaltungen, aus Reisebeschreibungen und den Schriften der Alten stellt er eine ganze Sammlung von menschlichen Widersprüchen zusammen. Dann blickt er wieder in sich und findet auch in seinem Charakter nichts weniger als Einheit. Fremd allen Vorurteilen, ist er doch in den Adel vernarrt und im hohen Grade eitel; egoistisch, spricht er mit ungewöhnlicher Wärme von der Freundschaft[3]). „Alle Widersprüche," sagt er[4]), „finden sich nach irgend

---

[1]) Pascal, Pensées I, 11, II et III.
[2]) Arnauld, Logica, P. III, c. XX.
[3]) Ich kann nicht umhin, die schönen Worte über seine Freundschaft mit La Boétie wenigstens anmerkungsweise wiederzugeben; um so weniger möchte ich es unterlassen, als ich später noch einmal darauf hinweisen werde. „Depuis le jour que ie le perdy, ie ne fay que traîner languissant; et les plaisirs mesmes qui s'offrent à moy, au lieu de me consoler, me redoublent le regret de sa perte. Nous estions à moitié de tout, il me semble que ie luy desrobe sa part. I'estois desjà si fait et accoutumé à estre deuxiesme partout, qu'il me semble n'estre plus qu'à demi (Essais t. I, p. 241).
[4]) Essais t. I, p. 49: Toutes les contrariétez s'y trouvent selon quelque tour, et en quelque façon. Honteux, insolent, bavard,

einem Verhältnis und in irgend einer Weise in mir. Schüchtern, unverschämt, geschwätzig, schweigsam, arbeitsam, zimperlich, gewitzig, stumpfsinnig, verdriesslich, gutmütig, lügnerisch, wahrheitsliebend: dies alles sehe ich in mir, je nachdem ich mich betrachte, und wer sich auch immer aufmerksam prüft, findet in sich, sogar in seinem Urteile, dieselbe Beweglichkeit und denselben Mangel an Übereinstimmung."

So gelangt denn Montaigne zu dem Ergebnis, dass es den Menschen überhaupt nicht beschieden sei, zu einer gewissen Erkenntniss zu gelangen;[1]) dass man also seine Meinungen nicht für unbedingt wahr ausgeben dürfe, sondern wie er ja auch selbst seine eigenen Ansichten angesehen wissen will,[2]) nur für das, was man für wahr halte. Unser Verstand, meint Montaigne, ist unfähig, eine objektive Wahrheit zu fassen; besonders ist er es in Sachen der Religion[3]). Montaigne hasst daher die Reformatoren, die da behaupten, die reine Wahrheit zu lehren; er beschuldigt sie des Hochmutes und tadelt sie, sich dem herrschenden Glauben nicht angepasst und die Welt verwirrt zn haben. Doch entschuldigt er auch nicht die Katholiken, wenn sie die Evangelischen bekämpfen. Besser wäre es gewesen, meint er, die Reformation wäre nicht eingetreten; da sie nun aber einmal geschehen sei, möge man ihr auch ihren Platz an der Sonne gewähren. Nach ihm giebt es keine Überzeugung, die wert ist, dass man einen Menschen töte oder sich töten lasse. Der Skeptizismus ist für Montaigne die Waffe gegen den Fanatismus. Er predigt ihn, damit die Welt in Frieden lebe; damit besonders er selbst weder durch seine eigenen Leidenschaften, noch durch die seiner Nachbarn geplagt und gequält werde; damit man aufhöre, sich in Bürgerkriegen zu befehden, die ihn ver-

---

taciturne, laborieux, délicat, ingénieux, hébété, chagrin, débonnaire, menteur, véritable: tout cela ie le voy en moy aucunement, selon que ie me vire; et quiconque s'estudie bien attentivement trouve en soy, voire en son jugement mesme, cette volubilité et discordance.

[1]) Ich nehme mit Thimme (der Skeptizismus Ms.), Lanson (Histoire de la Litt. franç., p. 324 f.) und anderen an, dass Ms. Skeptizismus nicht pyrrhonisch war. Pascal (Pensées I, 11, II et III), Malebranche (Recherche de la vérité, L. II, P. III, chap. V), Kreyſsig (Geschichte der französischen Nationallitteratur, 4. Auflage, S. 137) und andere, zuletzt auch Doumic (Histoire de la Litt. franç., p. 179: „Il prend parti pour la méthode des pyrrhoniens"), besonders durch das zweifelnde Que sais-je? verführt, halten ihn für einen Pyrrhonisten.

[2]) Essais t. I, p. 179: . . . ie les (mes opinions) donne, pour ce qui est en ma creance, non pour ce qui est à croire.

[3]) S. l'Apologie de Raimond Sebond, L. II, chap. XII.

hindern, gemächlich zu leben. So wird der Skeptizismus für Montaigne eine Bedingung des menschlichen Glückes. Dieses Glück besteht eben für ihn darin, sein Leben „loyalement" zu geniessen.[1]) Beständig sucht er nach der Wissenschaft, die ihn lehrt, „gut zu leben und gut zu sterben;[2])" nach der Erkenntnis dessen, was ihm Schmerz oder Lust bringt und was ihm den Gedanken an den Tod erträglich macht, und diese Wissenschaft glaubt er zu finden, wenn er der „grossen und mächtigen Mutter Natur" folgt.[3]) Man sieht: in moralischer Hinsicht ist Montaigne ein eudämonistischer Epikureer.

Darf ich zum Schlusse dieses Teiles zusammenfassen, was ich über die Persönlichkeit Montaignes gesagt habe, so thue ich es am besten mit den einander ergänzenden Urteilen zweier bedeutender Männer, eines Franzosen, der ein Jahrhundert nach Montaigne lebte, und eines Deutschen der neuesten Zeit.

Nicole sagt[4]) von seinem Landsmanne: „M. me représente un homme qui, après avoir promené son esprit sur toutes les choses du monde pour juger ce qu'il y a en elles de bien et de mal, a eu assez de lumières pour en reconnaître la sottise et la vanité. Il a très bien découvert le néant de la grandeur et l'inutilité des sciences; mais comme il ne connaissait guère d'autre vie que celle-ci, il a conclu qu'il n'y avait donc rien à faire qu'à tâcher de passer agréablement le petit espace qui nous est donné."

Und der immer klar blickende Ranke urteilt folgendermassen über ihn:[5]) „Den französischen Menschen hat M. dargestellt, mit allen Zweifeln und Irrungen, die ihn bedrängen,

---

[1]) Essais t. IV, p. 307: C'est une absolue perfection, et comme divine, de sçavoir jouir loyalement de son être.
Essais t. II, p. 109: Mon dessein est de passer doucement et non laborieusement ce qui me reste de ma vie.
Essais t. IV, p. 70: ... ma principale profession en cette vie estoit de la vivre mollement.
[2]) Essais t. II, p. 109: ... si i'estudie, ie n'y cherche que la science, qui m'instruise à bien mourir et à bien vivre.
[3]) Essais t. IV, p. 295: Nature a maternellement observé cela, que les actions qu'elle nous a enjoinctes pour nostre besoing, nous feussent, aussi, voluptueuses.
Essais t. IV, p. 300: Il n'est ... ny science si ardue que de bien et naturellement sçavoir vivre cette vie.
Essais t. IV, p. 304: Nature est un doulx guide, mais non pas plus doulx que prudent et juste ... Ie queste partout sa piste.
[4]) Nicole, Pensées, als Anhang zu den Pensées de Pascal herausgegeben, Paris, Didot 1846, S. 381.
[5]) Ranke, Franz. Gesch., Bd. I, S. 385.

den Genüssen, die ihm Freude machen, den Wünschen und Hoffnungen, die er hegt, seinem ganzen geistig und sinnlich angeregten Wesen. Der eigentümliche Genius der Nation findet sich in ihm wieder."

II. Teil.

Montaignes pädagogische Anschauungen.

Es wird sich, ohne dass ich immer besonders darauf aufmerksam mache, im folgenden zeigen, dass die Pädagogik Montaignes durch seine Lebensanschauung bestimmt ist. Seinen epikureischen Zug erkennt man z. B. in dem Erziehungsziele wieder, das er im Auge hat. In Form einer Anekdote zeigt Montaigne, wozu er den Schüler erzogen wissen will. „Als ich mich eines Tages," erzählt er,[1]) „nach Orleans begab, traf ich auf der Ebene hinter Clery zwei Schulmänner, einer ungefähr fünfzig Schritte hinter dem andern; weiter hinter ihnen sah ich eine Truppe und an ihrer Spitze als Anführer den seitdem verstorbenen Grafen de La Rochefoucault. Einer meiner Leute fragte den ersten jener Schulmänner, wer der Edelmann sei, der hinter ihm herkomme. Dieser, welcher den Zug, der ihm folgte, nicht gesehen hatte und glaubte, man spreche von seinem Kollegen, antwortete scherzend: „Er ist kein Edelmann; er ist ein Grammatiker, und ich bin ein Logiker."

An diese Antwort des Schulmannes, der seinen Amtsgenossen wohl einen Grammatiker, aber keinen Edelmann nannte, knüpft Montaigne die Bemerkung, dass er seinen Zögling zu einem Edelmanne bilden will, nicht zu einem Logiker oder Grammatiker und — so können wir hinzusetzen — auch nicht zu einem Astronomen, Mathematiker, Juristen oder Mediziner. Nicht Spezialisten sind das Erziehungsziel Montaignes, sondern den Menschen überhaupt in seinen natürlichen Fähigkeiten will er ausgebildet wissen.

---

[1]) Essais t. I, p. 208: Allant un jour à Orleans, ie trouvay dans cette plaine au deça de Clery, deux regents . . . environ à cinquante pas l'un de l'autre: plus loing derriere eux, ie voyois une trouppe, et un maistre en teste, qui estoit feu Monsieur le Comte de la Rochefoucaut: un de mes gens s'enquit au premier de ces regents, qui estoit ce Gentil'homme qui venoit après luy, luy qui n'avoit pas veu ce train qui le suivoit, et qui pensoit' qu'on luy parlast de son compagnon, respondit plaisamment, Il n'est pas Gentil'homme, c'est un grammairien, et ie suis logicien.

Bevor das Leben der Zöglinge in eine besondere Berufsart gezwängt wird, sollen sie lernen ce qu' ils doivent faire estans hommes,[1]) sollen sie zu einer allgemeinen Bildung herangezogen werden — zu körperlicher Gesundheit, die sie alle Freuden und Mühseligkeiten des Daseins ertragen lässt; zur Urteilsfähigkeit, die ihnen notwendig ist, um sich in den verschiedenen Lagen des Lebens zurechtzufinden; zur „Tugendhaftigkeit," die ihnen zu handeln gebietet, wie es einem gentilhomme geziemt: zu Menschen, qui puissent faire toutes choses et n'ayment à faire que les bonnes.[2])

Man sieht: wenn Montaigne von seinem Menschheitsideale spricht, so ist dabei mit keinem Worte vom Christentume oder von Gott die Rede; das, was er über seinen Idealmenschen sagt, schmeckt nicht — um einen Raumerschen Ausdruck zu gebrauchen[3]) — nach der Weisheit, die von oben her ist. Einzig und allein ist ihm bei Aufstellung seines Erziehungszieles das epikureische Utilitätsprinzip massgebend gewesen — ein Prinzip, das die ganze Montaignesche Pädagogik durchzieht und sie ohne Zweifel etwas einseitig gestaltet.

Nicht das ist der Grund für die Ausbildung der körperlichen Gesundheit, der Urteilsfähigkeit und der Willensstärke des Zöglings, dass er einmal seine Kräfte in den Dienst der menschlichen Gesellschaft und der göttlichen Ordnungen stellen könne, sondern der letzte Grund ist der, die Zöglinge in den Stand zu setzen, ihr Leben glücklich hinzubringen, sie zu lehren, „gut zu leben und gut zu sterben."[4])

Das Menschheitsideal Montaignes ist also nicht christlich; es ist epikureisch, heidnisch, und wir müssen Pascal recht geben, wenn er Montaigne vorwirft, dass er in seiner Denkweise einem Heiden gleiche.[5])

Sieht man aber ab von dem letzten Grunde, der Montaigne zur Aufstellung dieses Erziehungszieles veranlasst hat, so muss auch jeder christlich Gesinnte zugeben, dass Montaigne mit der Schilderung seines Idealmenschen in richtiger, wenn auch nicht vollkommener Weise der Pädagogik für alle Zeiten die Aufgabe vorgezeichnet hat, die sie in erster Linie zu lösen trachten muss.

---

[1]) Essais t. I, p. 172.
[2]) Essais t. I, p. 205.
[3]) R., Gesch. der Päd., S. 316.
[4]) Essais t. I, p. 194: Car il me semble que les premiers discours ... doivent estre ceux, qui reglent ses moeurs et son sens, qui luy apprendront à se cognaistre, et à sçavoir bien mourir et bien vivre.
[5]) Pascal, Pensées I, 11.

Also auch der fromme Christ braucht sich nicht mit Grausen von dem französischen Weltmann abzuwenden, auch er kann von ihm lernen; und gebietet nicht Christus geradezu in dem Gleichnisse vom ungerechten Haushalter den „Kindern des Lichts," sich die „Kinder dieser Welt" in manchen Stücken zum Vorbilde zu nehmen? —

Ich wende mich nun von dem Endpunkte der Erziehung zurück zu ihrem Ausgangspunkte, zur ursprünglichen Natur des Menschen und zu seinen Anlagen.

Was zunächst die Frage betrifft, ob Montaigne die ursprüngliche Natur für gut oder böse halte, so sind die Meinungen darüber verschieden. Baur sagt in seiner Erziehungslehre, Montaigne sei auch darin der Vorgänger Rousseaus, dass der richtige Grundsatz, die frühere Erziehung habe deswegen nichts geleistet, weil sie die Natur des Zöglings nicht berücksichtigt, sich ihm oft genug in den grundfalschen Satz umgewandelt habe, dass der Zögling von Natur ganz gut sei und erst böse werde durch die Gesellschaft und die Erziehung.[1]) Diese Ansicht findet sich in fast allen Büchern, wofern in ihnen dieser Punkt überhaupt zur Sprache gebracht wird.

Nur Dr. Bauck stellt sich ihr in seiner Abhandlung über I.-I. Rousseau und Montaigne entgegen.[2]) Hören wir seine Ausführung![3]) „Was sich jedoch in Montaignes Essais mit Bezug hierauf auffinden lässt, ist nur folgendes: Die Natur, um zu zeigen, dass bei ihrem Verfahren allemal die weisesten Regeln zu Grunde liegen, lässt oft bei solchen Nationen, welche die wenigste Kunstbildung haben, Geistesprodukte erscheinen, welche mit den Produkten der grössten Kunst um den Vorzug streiten. — Die am wenigsten angestrengten und die natürlichsten Äusserungen unserer Seele sind die schönsten. — Es ist nicht billig, dass die Kunst die Ehre über unsere grosse mächtige Mutter Natur davontrage. Wir haben durch unsere Erfindungen die Schönheit und den Reichtum ihrer Werke dergestalt überladen, dass

---

[1]) Baur, Erziehungslehre, S. 65.
[2]) Auch E. Masius stimmt Baur nicht bei; doch weiss er ihm nichts Stichhaltiges zu entgegnen. S. 12 sagt er: „hierbei sei bemerkt, dass einzelne Montaigne den satz beilegen, das kind sei von natur gut, erst durch misserziehung und schlechte gesellschaft werde es verdorben. ich kann jedoch dem nicht beipflichten, weil ich keine andeutung darüber gefunden habe, vielmehr meine ich, dürfe man im geiste Montaignes der erziehung nur einen relativen einfluss zugestehen.
[3]) Bauck, I.-I. Rousseau und Montaigne, S. 4.

sie ganz unter der Last erliegt. Wir sehen aber dagegen, dass allenthalben, wo sie in ihrer Reinheit glänzt, unsere eiteln und nichtigen Werke gar sehr von ihr beschämt werden u. s. w.[1] . . . Wenn demnach anzunehmen ist, dass Montaigne mit seinem Lobe über die Herrlichkeit der Natur begeisternd auf Rousseau eingewirkt hat, so kann ich doch Schmid[2] nicht beistimmen, dass Montaigne auch in der Lehre von der ursprünglichen Reinheit der Seele, d. h. in dem Leugnen der Erbsünde, ein Vorgänger Rousseaus gewesen ist. Ein indirekter Beweis für meine Behauptung liegt auch in dem Umstande, dass auch Locke, der bekanntlich Montaigne gleichfalls in allen Fragen über die Erziehung gefolgt ist und andererseits Rousseaus unmittelbarster Vorgänger ist, von der von Natur vollkommen guten Kindesseele im Rousseauschen Sinne noch nichts weiss."

Zwei Meinungen stehen hier also einander entgegen. Welche ist richtig? Baur begründet seine Meinung gar nicht, Bauck nur schlecht. Denn wenn er sagt, es lasse sich über den betreffenden Punkt nichts finden, so kann das nur heissen, dass er selbst nichts gefunden hat; und wenn er ferner behauptet, Locke habe von der Ansicht der ursprünglichen Reinheit der Kindesnatur nichts gewusst, so hätte er bloss sagen dürfen, dass sich Locke in seinen Schriften nirgends darüber ausspricht. Wenn nun aber Bauck in den Essais nichts gefunden hat, worin Montaigne die Natur des Kindes als ursprünglich rein hinstellt, und wenn Locke überhaupt diese Frage nicht behandelt: geht dann mit Gewissheit daraus hervor, dass Montaigne die ursprüngliche Reinheit der Kindesseele nicht gelehrt habe?

Es findet sich nun in den Essais ein Ausdruck, der ohne Zweifel zu der Meinung Anlass gegeben hat, Montaigne habe die Natur des Kindes für rein gehalten. Dieser Ausdruck lautet: „une nature bien née."[3] Bode übersetzt ihn mit den deutschen Worten: „eine sonst gut geartete Natur"[4] — und Reimer: „eine ursprünglich gute Natur."[5] Beide Übersetzungen sind falsch.[6] Eine nature bien née bezeichnet

---

[1] Die von B. angeführten Stellen finden sich t. I, p. 164; t. III, p. 284 und t. I, p. 258.
[2] Die Meinung Baurs ist auch in Schmids Encyklopädie übergegangen.
[3] Essais t. I, p. 202.
[4] Bode, M.s Gedanken und Meinungen, Bd. I, S. 330.
[5] Reimer, S. 29.
[6] Raumer übersetzt wie Bode, I, S. 324, Reichert „eine wohlangelegte Natur", S. 27, ein etwas unklarer Ausdruck.

weiter nichts als einen von der Natur bevorzugten, edeln Menschen. In diesem Sinne wird der Ausdruck auch von Rabelais gebraucht, wenn er schreibt[1]):
„Gens liberes, bien nez, bien instruicts, conversans en compaignies honnestes, ont par nature un instinct
et aguillon qui tousjours les poulse à faicts vertueux";
ebenso von Corneille, wenn er den Cid zum Grafen von Gormas sagen lässt[2]):
„Je suis jeune, il est vrai; mais aux âmes bien nées
La valeur n'attend point le nombre des années."

Dass Montaigne die Worte bien né in der von mir angegebenen Bedeutung verstanden wissen will, ist um so klarer, als er von einem Zöglinge spricht, der aus vornehmem, adligem Hause stammt.

Noch eine zweite Stelle habe ich in den Essais gefunden, aus der Baur seine Behauptung hergeleitet haben könnte. Im 30. Kapitel des zweiten Buches heisst es[3]): „Aus seiner (Gottes) Allweisheit geht nichts hervor, was nicht gut ist." Das klingt, aus dem Zusammenhange gerissen, ganz Rousseauisch. Wenn man aber bedenkt, dass Montaigne vorher von Missgeburten redet und meint, auch durch diese verfolge Gott einen guten Zweck, so wird man zugeben, dass er diesen Ausspruch mit Beziehung auf wunderbare Fügungen Gottes thut, nicht aber in Ansehung der Reinheit der Kindesseele.

Eine Stelle aber, aus der ganz klar hervorgeht, dass Baur unrecht hat, ist folgende[4]): „Die natürlichen Neigungen werden durch die Erziehung weiter ausgebildet und verstärkt; aber sie ändern sich selten und treten endlich sieghaft hervor. Zu meiner Zeit haben sich tausend Naturen durch eine ganz entgegenstehende Erziehung zur Tugend oder zum Laster hingearbeitet. Diese ursprünglichen Eigenschaften rottet man nicht aus, man verdeckt, man verhüllt sie."

Wer nun trotz meiner Darlegung noch glauben wollte, dass Montaigne die Kindesseele für ursprünglich rein gehalten habe, dem sei noch zur Erwägung gesagt, dass dann Montaigne

---

[1]) Bei Doumic, unter dem Art. über Rabelais, S. 137.
[2]) Le Cid II, 2.
[3]) Essais t. II, p. 131: De sa toute sagesse, il ne part rien que bon.
[4]) Essais t. III, p. 270: Les inclinations naturelles s'aident et fortifient par institution: mais elles ne se changent gueres et surmontent. Mille natures, de mon temps, ont eschappé vers la vertu, ou vers le vice, au travers d'une discipline contraire. On n'extirpe pas ces qualitez originelles, on les couvre, on les cache.

auch seine eigenen Fehler hätte der Erziehung zur Last legen müssen, dass er aber in Wirklichkeit ihren Grund vor allem in sich selbst sucht, in der Unfruchtbarkeit und Ungeschlachtheit des Ackers, in dem „champ sterile et incommode", wie er sich nennt.[1])

Ich habe auf die Frage von der ursprünglichen Natur des Kindes etwas genauer eingehen müssen, weil es mir von Wichtigkeit schien, Montaigne von einem schweren Vorwurfe zu reinigen, den ihm Übersetzungsfehler und oberflächliches Lesen seiner Essais zugezogen haben.

Wie man aus dem Vorangegangenen schon ersieht, ist Montaigne der Ansicht, dass die Kinder mit Anlagen begabt zur Welt kommen. „Aber diese Anlagen," meint er[2]), „sind in dem ersten Lebensalter so zart und undeutlich, die Hoffnungen, welche das Kind erregt, so unsicher und trügerisch, dass sich schwerlich darüber ein bestimmtes Urteil feststellen lässt. Man betrachte nur Cimon, Themistokles und tausend andere; wie ganz anders sind sie geworden, als sie zu werden versprachen!"

Die Eigenart des Kindes nun zu erforschen, das hält Montaigne für so wichtig, aber auch für so schwierig, dass er äussert, das Schwierigste und Wichtigste des menschlichen Wissens träfen da zusammen, wo es sich um die physische und intellektuelle Erziehung der Kinder handle.[3])

Es ist eine wahre Freude, zu vernehmen, mit welcher Hochachtung hier Montaigne von der Pädagogik spricht. Mit scharfem Blicke hat er erkannt, dass die schwierige Kunst der Erziehung darin beruht, in das zarte Seelenleben des Kindes einzudringen und es zu entfalten. Wie vorteilhaft nimmt er sich aus neben manchem „Gebildeten" unserer Zeit, der immer noch glaubt, die Arbeit eines Lehrers sei nur die, einen eingelernten Stoff vorzutragen und wieder abzufragen!

Bei der Ergründung der Individualität, meint Montaigne weiter, sei man leicht Täuschungen ausgesetzt, indem man

---

[1]) Essais t. I, p. 216.
[2]) Essais t. I, p. 180: La montre de leurs inclinations est si tendre en ce bas aage, et si obscure, les promesses si incertaines et fauces, qu'il est mal-aisé d'y establir aucun solide jugement. Voyez Cimon, voyez Themistocles et mille autres, combien ils se sont disconvenus à eux-mesmes.
[3]) Essais t. I, p. 180: ... à la vérité ie n'y entens sinon cela, que la plus grande difficulté et importance de l'humaine science semble estre en cet endroit, où il se traitte de la nourriture et institution des enfans.

Äusserungen des Kindes, die nur Angewöhnungen oder irgend welche Aneignungen auf künstlichem Wege seien, für Anlagen halte. Wollte man nun auf derartige Äusserungen sein Erziehungssystem bauen, so würde man Gefahr laufen, die „Kinder zu Dingen zu erziehen, wozu sie von der Natur nicht bestimmt sind."[1]) Da dies aber sehr schädlich wäre, so empfiehlt Montaigne, sie im Falle der Unsicherheit „immer in die nützlichsten und wertvollsten Gegenstände einzuführen und sich an vage Vermutungen und Berechnungen, die wir auf kindliche Kundgebungen zu gründen pflegen, nur wenig zu kehren."[2])

Das Ideal Montaignes ist jedoch, dass der Erzieher die Eigenart seines Zöglings wirklich erkenne und sich danach richte. „Es ist gut," sagt er[3]), „dass der Erzieher den Zögling vor sich hergehen lasse, damit er beurteilen könne, welches seine Art zu gehen ist und wie weit er sich zu ihm herablassen müsse, um sich seinen Fähigkeiten anzubequemen. Verfehlen wir in dieser Beziehung das richtige Verhältnis, so verderben wir alles; es zu treffen und sich aufs genaueste danach zu richten, ist das notwendigste Erfordernis, das ich kenne."

Weil Montaigne die Individualität des Zöglings berücksichtigt wissen will, so eifert er auch — und damit komme ich zu einem weiteren Punkte — gegen die öffentlichen Schulen. „Es ist kein Wunder," klagt er[4]), „wenn gewisse Erzieher, die es nach heutiger Gewohnheit unternehmen, viele Kinder von verschiedener Geistesfähigkeit zugleich zu unterrichten und in gleicher Weise zu erziehen, unter einem ganzen Haufen kaum zwei oder drei finden, an denen diese Erziehung sich einigermassen fruchtbar erweist."

---

[1]) Essais t. I, p. 180: ... à dresser des enfans aux choses, auxquelles ils ne peuvent prendre pied.

[2]) Essais t. I, p. 180: Toutefois en cette difficulté mon opinion est, de les acheminer tousjours aux meilleures choses et plus profitables; et qu'on se doit peu appliquer à ces legeres divinations et prognostiques, que nous prenons des mouvemens de leur enfance.

[3]) Essais t. I, p. 182: Il est bon qu'il le face trotter devant luy pour juger de son train: et juger jusques à quel point il se doibt ravaller, pour s'accommoder à sa force. A faute de cette proportion, nous gastons tout. Et de le sçavoir choisir, et s'y conduire bien mesurément, c'est une des plus ardues besognes que ie sache.

[4]) Essais t. I, p. 182: Ceux qui, comme nostre usage porte, entreprenent d'une mesme leçon et pareille mesure de conduite, regenter plusieurs esprits de si diverses mesures et formes: ce n'est pas merveille, si en tout un peuple d'enfans, ils en rencontrent à peine deux ou trois, qui rapporte quelque juste fruict de leur discipline.

Auch deswegen ist er gegen die öffentlichen Erziehungsanstalten, weil die Zucht in ihnen zu barbarisch ist. „Es sind wahre Kerker der Jugend!" ruft er aus. „Man komme nur in die Klassen beim Verhör der Lektionen! Da hört man nichts als Schreien geschlagener Kinder und sieht nichts als zorntrunkene Präzeptoren."[1])

Sind ihm die öffentlichen Schulen zu unmenschlich, so wendet er sich gegen die Erziehung in der Familie, weil sie ihm zu weichlich ist. Er sagt[2]): „Die natürliche Liebe macht selbst die verständigsten Eltern zu weichherzig und nachgiebig. Sie sind nicht nur unfähig, die Fehler des Kindes zu bestrafen, sondern auch es abzuhärten und Gefahren auszusetzen. Sie können nicht dulden, dass das Kind von seinen Übungen staubig und schweissig zurückkommt, dass es bald kalt, bald warm trinkt, ein wildes Pferd reitet, mit dem Floret ficht oder mit der Büchse schiesst."

Weil sich nun Montaigne weder für die Erziehung in öffentlichen Schulen, noch für die im Schosse der Familie erwärmen kann, so geht er den dritten möglichen Weg: er übergiebt seinen Zögling einem Hofmeister. Von einem solchen verlangt er, dass er mehr Verstand als Wissen, mehr Charakterfestigkeit als Gelehrsamkeit besitze.[3])

Es ist wohl kein Zweifel, dass einer der wundesten Punkte in der Montaigneschen Pädagogik in dem Vorschlage der Hofmeistererziehung liegt. Compayré will zwar Montaigne rechtfertigen, indem er annimmt, er habe vielleicht wie Rousseau diese Art der Erziehung nur gewählt, um an ihr seine neuen Lehren um so besser zeigen zu können[4]); doch

---

[1]) Essais t. I, p. 204: C'est une vraye geaule de jeunesse captive ... Arrivez y sur le point de leur office; vous n'oyez que cris, et d'enfans suppliciez, et de maistres enuvrez en leur cholere.

[2]) Essais t. I, p. 186: Cette amour naturelle les attendrit trop, et relasche, voire les plus sages: ils ne sont capables ny de chastier ses fautes, ny de le voir nourry grossierement comme il faut, et hasardeusement. Ils ne le sçauroient souffrir revenir suant et poudreux de son exercice, boire chaud, boire froid, ny le voir sur un cheval rebours, ny contre un rude tireur le floret au poing, ou la premiere harquebuse.

[3]) Essais t. I, p. 181: ... ie voudrois aussi qu'on fust soigneux de luy choisir un conducteur, qui eust plustost la teste bien faicte, que bien pleine: et qu'on y requist tous les deux, mais plus les moeurs et l'entendement que la science.

[4]) Bei Buisson, Art. über Montaigne: Mais peut-être pour Montaigne, comme pour Locke, comme pour Rousseau, le précepteur n'est-il qu'un artifice, une invention littéraire, qui donne à l'auteur les moyens d'exposer plus facilement ses idées dans toute leur nouveauté.

entbehrt diese Hypothese jeder Begründung. Meines Erachtens ist Montaigne grundsätzlich für den Hofmeister, weil er den Wert der gemeinsamen, wie der elterlichen Erziehung verkennt, und nur in Ansehung der Zeit, in der er lebte, kann man ihn entschuldigen.

Wenn nun Montaigne das Kind auch dem Schosse der Familie entreisst, so ist doch seine Ansicht über das Verhältnis des Hofmeisters zum Zöglinge, durch das er das Familienleben ersetzen will, zu loben. Der Hofmeister soll zwar als Stellvertreter des Vaters unbeschränkte Autorität über seinen Pflegebefohlenen besitzen[1]), doch soll diese Autorität auf Liebe gegründet sein. Wie Montaigne selbst nur im guten erzogen worden ist und in seinem Kindesalter nur zweimal die Rute gekostet hat[2]); wie er dann später seine eigenen Kinder nur in sanfter Weise behandelt hat[2]): so fordert er auch von dem Hofmeister, dass er gegen seinen Zögling ohne allen Zwang verfahre.[3]) „Weg mit Zwang und Gewalt!" ruft er aus.[4]) „Welch eine Art! Um den zarten und furchtsamen Seelen der Kinder Lust zum Lernen zu machen, leitet man sie dazu an mit schreckenerregendem Kupfergesicht und mit der Rute in der Hand."

Besonders energisch verbietet Montaigne, den Zögling im Zorne zu züchtigen, denn, sagt er[5]), die Verurteilung durch einen Menschen, den Zorn und Wut erfülle, halte der Verurteilte nicht für gerecht, und die ausserordentliche Erregung seines Herrn, die Hitze, die sich in seinem Gesichte offenbare, die ungewöhnlichen Flüche, die Unruhe und strafbare Übereilung: das alles gereiche ihm zur Rechtfertigung.

Noch viele Stellen liessen sich zum Beweise beibringen, dass Montaigne das Verhältnis zwischen Zögling und Hof-

---

[1]) Essais t. I, p. 187: ... l'authorité du gouverneur, qui doit estre souveraine sur luy.

[2]) Essais t. II, p. 80: ... ils disent qu'en tout mon premier aage, ie n'ay tasté des verges qu'à deux coups, et bien mollement. J'ay deu la pareille aux enfans que i'ay eu.

[3]) Essais t. II, p. 80: J'accuse toute violence en l'éducation d'une ame tendre ...

[4]) Essais t. I, p. 203: Ostez moy la violence et la force! ... Quelle maniere, pour esveiller l'appetit envers leur leçon, à ces tendres ames, et craintives, de les y guider d'une troigne effroyable, les mains armées de fouets?

[5]) Essais t. III, p. 135: Autrement, il ne pense pas avoir esté justement condamné, par un homme agité d'ire et de furie: et allegue pour sa justification, les mouvements extraordinaires de son maistre, l'inflammation de son visage, les sermens inusitez, et cette sienne inquietude, et precipitation temeraire.

meister auf Liebe gegründet wissen will; nur eine sei noch angeführt, um zugleich eine Probe zu geben, mit welcher Anmut Montaigne sich auszudrücken versteht. „Viel anständiger wäre es," sagt er[1], „wenn die Klassen mit Blumen und Blättern bestreut wären, anstatt mit blutigen Rutenteilen. Ich würde an die Wand die Freude, die Munterkeit, Flora und die Grazien malen lassen, wie es der Philosoph Speusippos in seiner Schule that." —

Ich gehe nun über zur Darstellung der Art, wie Montaigne sein Erziehungsziel im einzelnen zu erreichen gedenkt, und spreche zunächst von der physischen Erziehung.

Die mittelalterliche Erziehung hatte bei ihrer geringen Wertschätzung des Irdischen auf die leibliche Pflege wenig Sorge verwandt. Montaigne aber durchschaute mit sicherem Blicke die Notwendigkeit einer tüchtigen Ausbildung der Körperkräfte und stellte mit Hinweisung auf die Grundsätze der spartanischen Erziehung demnach seine Forderungen.[2] Die Pflege des Leibes soll jedoch nicht auf Kosten der Geistesbildung geschehen, sondern Körper und Geist sollen harmonisch entwickelt werden. „Denn," sagt er[3], „man erzieht nicht eine Seele, nicht einen Leib, sondern einen Menschen; man muss nicht zwei daraus machen und — wie Plato sagt — nicht das eine oder das andre bilden wollen, sondern sie wie ein Paar an eine Deichsel gespannte Pferde gleichmässig leiten."

Montaigne hat nun bei der Pflege und Entwicklung des Leibes einen dreifachen Zweck im Auge.

Erstens soll die Gesundheit befestigt und der Körper in jeder Weise abgehärtet und gegen die Rauheiten des Lebens gepanzert werden. Daher kommt es darauf an, dass der Zögling lernt, Schweiss, Kälte, Wind, Sonne und andre Zufälligkeiten zu ertragen und sich aller Weichlichkeit und Verzärtelung in Kleidung, Essen, Trinken und Schlafen zu entwöhnen.[4] „Gewöhnt ihn an alles!" befiehlt Mon-

---

[1] Essais t. I, p. 204: Combien leurs classes seroient plus decemment jonchées de fleurs et de feuillées, que de tronçons d'osier sanglants? J'y ferois pourtraire la joye, l'allegresse, et Flora et les Graces: comme fit en son eschole le philosophe Speusippus.
[2] Kehr, S. 8.
[3] Essais t. I, p. 203: Ce n'est pas une ame, ce n'est pas un corps qu'on dresse, c'est un homme, il n'en faut pas faire à deux. Et comme dit Platon, il ne faut pas les dresser l'un sans l'autre, mais les conduire egalement, comme un couple de chevaux attelez à mesme timon.
[4] Essais t. I, p. 204: Endurcissez le à la sueur et au froid, au

taigne¹); „macht aus ihm keinen geckenhaften Courschneider, sondern einen derben, kräftigen Jüngling!" In dieser Abhärtungstheorie geht er manchmal zu weit und stellt Grundsätze auf, die vom Standpunkte der Gesundheitslehre aus verworfen werden müssen. So, wenn er sagt²): „Man muss den Zögling an die Mühe und Beschwerlichkeit der Leibesübungen gewöhnen, um ihn zu befähigen, Verrenkungen, Kolik, Verbrennung, Gefangenschaft, ja selbst die Tortur zu ertragen" — oder³): „Ich verlange sogar, dass er selbst in einer Schwelgerei seinen Kameraden an Festigkeit und Ausdauer überlegen sei und dass er das Böse nicht unterlasse, weil er es nicht thun kann, sondern weil er es nicht thun will." Montaignes Vorbild ist Alcibiades, der so leicht und ohne Nachteil für seine Gesundheit die verschiedensten Lebensweisen anzunehmen imstande gewesen sei, der bald die Perser an Verschwendung und Pracht, bald die Lacedämonier an Strenge und Einfachheit übertroffen und in Sparta ebenso eingeschränkt, als in Jonien üppig gelebt habe.⁴)

Will man das Kind zu so grosser Abhärtung erziehen, so darf man es, meint Montaigne, in der Jugend nicht schonen, besonders darf man bei eintretenden Krankheiten nicht sofort die Hilfe der Ärzte angehen.⁵) Überhaupt bezeugt Montaigne eine tiefe und wohl auch berechtigte Abneigung gegen die Arzneikunst. Das ganze 37. Kapitel des 2. Buches — allerdings geschrieben unter dem Eindrucke der schmerzhaften Steinkrankheit — ist eine heftige Polemik gegen die Heil-

---

soleil et aux hazards qu'il luy faut mespriser. Ostez luy toute mollesse et delicatesse au vestir et coucher, au manger et au boire.
¹) Essais t. I, p. 204: ... accoustumez le à tout: que ce ne soit pas un beau garçon et dameret, mais un garçon vert et vigoureux.
²) Essais t. I, p. 187: Jl le faut rompre à la peine, et aspreté des exercices, pour le dresser à la peine, et aspreté de la dislocation, de la colique, du caustere: et de la geaule aussi, et de la torture.
³) Essais t. I, p. 205: Ie veux qu'en la desbauche mesme, il surpasse en vigueur et en fermeté ses compagnons, et qu'il ne laisse à faire le mal, ny à faute de force, ny de science, mais à faute de volonté.
⁴) Essais t. I, p. 206: I'ay souvent remarqué avec grande admiration la merveilleuse nature d'Alcibiades, de se transformer si aisément à façons si diverses, sans interest de sa santé; surpassant tantost la sumptuosité et pompe Persienne, tantost l'austerité et frugalité Lacedaemonienne; autant reformé en Sparte, comme voluptueux en Jonie.
⁵) Essais t. I, p. 186: ... il n'y a remede, qui en veut faire un homme de bien, sans doubte il ne le faut espargner en cette jeunesse: et faut souvent choquer les regles de la medecine.

künstler, und kein boshafterer Rat kann diesen wohl gegeben werden als der, alle Krankheiten, die sie heilen wollen, erst selbst an sich zu erfahren.[1])

Überblicke ich die Vorschläge, welche Montaigne macht, um den kindlichen Körper abzuhärten, so ist mir unverständlich, wie Baur in seiner Erziehungslehre sagen kann, bei Montaigne „sei die Pflege des Leibes in dessen Verweichlichung umgeschlagen." [2])

Die Pflege des Leibes hat nach Montaigne zweitens auch die körperlichen Kräfte zu entwickeln, und als hierzu geeignete Leibesübungen empfiehlt er das Laufen, Ringen, Reiten, Fechten und die Jagd.[3])

Nicht aber zu unterschätzen — und das ist der dritte Punkt — ist, dass durch diese Übungen auch Anstand, Gewandtheit und schöne Haltung erworben werden sollen. Zu diesem Zwecke empfiehlt er besonders auch den Tanz.[3])

„Ein wirkliches Turnen im heutigen Sinne findet sich bei Montaigne noch nicht. Allein es bleibt ihm immerhin das eminente Verdienst, auf die körperliche Ausbildung als wesentlichen Teil der Erziehungsaufgabe hingewiesen zu haben." So sagt Kehr[4]), und bis hierher stimme ich ihm bei; wenn er aber fortfährt: „Heutzutage unterschätzt wohl niemand mehr die Wichtigkeit der Leibesübungen. Namentlich ist erkannt, was von Montaigne nicht hervorgehoben wird, dass sie dem Geiste als heilsame Erfrischung dienen. Rousseau sagt hierüber mit Recht: „Das grosse Geheimnis der Erziehung ist, es einzurichten, dass die Übungen des Körpers und die des Geistes sich gegenseitig zur Abspannung dienen" — so ist dem entgegenzuhalten, dass die Ermüdung des Geistes nur durch Ruhe oder Nahrungsaufnahme gehoben werden kann, dass es also eine durchaus falsche Ansicht ist, sie durch körperliche Übungen beseitigen zu wollen, und dass

---

[1]) Essais t. IV, p. 253: . . . ainsi Platon avoit raison de dire, que pour estre vray medecin, il seroit necessaire que celuy qui l'entreprendroit eust passé par toutes les maladies qu'il veult guarir, et par tous les accidents et circonstances de quoy il doibt juger. C'est raison qu'ils prennent la verole, s'ils la veulent sçavoir panser. Vrayement ie m'en fierois à celuy là.

[2]) Baur, Erziehungslehre, S. 65.

[3]) Essais t. I, p. 203: . . . les exercices seront une bonne partie de l'estude: la course, la lutte, la musique, la danse, la chasse, le maniement des chevaux et des armes. Je veux que la bien — seance exterieure, et l'entregent, et la disposition de la personne se façonne . . .

[4]) Kehr, S. 8.

man Montaigne keinen Vorwurf machen darf, eine Meinung nicht ausgesprochen zu haben, die von Rousseau und vielen andern nur irrtümlich für wahr gehalten worden ist. —

Wie nun Montaigne, wie erwähnt, von dem richtigen Grundsatze ausgeht, dass nicht eine Seele, nicht ein Körper, sondern ein Mensch zu erziehen sei, so verlangt er ebenso dringend wie die Pflege des Leibes die Pflege und Entwicklung der allgemeinen Seelenkräfte. Was zunächst die intellektuelle Erziehung betrifft, so hebt Montaigne mit Recht die grössere Wichtigkeit der Verstandesbildung gegenüber derjenigen der Gedächtnisbildung hervor. In diesem Sinne wendet er sich gegen die alte Erziehungsmethode, deren Fehler er mit dem Worte „pédantisme" bezeichnet. Unter pédantisme versteht er im grossen und ganzen zwei Dinge:

1. den Missbrauch der Dialektik, der Kunst des syllogistischen Raisonnements, und

2. das Anhäufen von unfruchtbarem Wissen, das den Kopf vollpfropft und, anstatt ihn zu bilden, verwirrt.

Diese beiden Fehler in der Erziehung wird Montaigne nicht müde, mit beissendem Hohne zu geisseln. Hören wir was er von der Dialektik sagt! „Wer hat wohl," fragt er[1]), „durch Logik Verstand bekommen? Wo bleiben ihre schönen Verheissungen? Nec ad melius vivendum, nec ad commodius disserendum. Findet man mehr unverständliches Geschwätz im Gewäsch der Heringsweiber als in den öffentlichen Disputierübungen der Leute, deren Beruf sie ist? Lieber möchte ich meinen Sohn das Sprechen in den Wirtshäusern lernen lassen als in den Rednerschulen.

Fast noch heftiger ergeht er sich in Schmähungen der Vielwisserei. Er sagt[2]): „An denjenigen, die einzig und allein ihren Wert auf Gelehrsamkeit setzen und ihren Verstand auf ihr Gedächtnis gründen, sub aliena umbra latentes, und nur wissen, was in Büchern steht: an diesen hasse ich die Gelehrsamkeit, wenn ich es zu sagen wagen darf, ein wenig mehr als die Dummheit." — „Meine ungelehrten

---

[1]) Essais t. IV, p. 41: Qui a pris de l'entendement en la logique? où sont ses belles promesses? nec — disserendum. Veoid on plus de barbouillage au caquet des harengieres, qu'aux disputes publicques des hommes de cette profession? J'aimerois mieulx que mon fils apprinst aux tavernes à parler, qu'aux escholes de la parlerie.

[2]) Essais t. IV, p. 41: ... en ceulx là ..., qui en establissent leur fondamentale suffisance et valeur, qui se rapportent de leur entendement à leur memoire, sub ..., et ne peuvent rien que par livre; ie le hais, si ie l'ose dire, un peu plus que la bestise.

Landsleute nennen diese hochgelehrten Herren sehr spasshafter Weise Überstudierte, denen die Wissenschaften einen Hammerschlag versetzt haben; und in der That, meist scheint es, als hätten sie den gesunden Menschenverstand aus ihrem Kopfe hinwegstudiert."[1] — „Wer dieses Geschlecht . . . in der Nähe beleuchtet, der wird wie ich finden . . ., dass sie zwar ein gutes, volles Gedächtnis, aber einen sehr hohlen Verstand haben."[2] Gar ergötzlich liest sich die kurze Schilderung von dem gelehrten Carneades, der aus zu grosser Gier nach Wissen nicht die Zeit fand, sich den Bart zu scheren und die Nägel abzuschneiden[3], und nicht minder zieht er das Gebahren des nach 15- bis 16jährigem Studium von den Schulen zurückkehrenden Jünglings ins Lächerliche, wenn er von ihm behauptet[4]: „Niemand ist weniger als er zu etwas zu gebrauchen. Was man am meisten an ihm wahrnimmt, ist, dass ihm sein Latein und Griechisch dümmer und eingebildeter gemacht haben, als er bei seiner Abreise von zu Hause war. Er sollte mit voller Seele zurückkommen, aber er hat sie nur aufgeblasen; sie ist nicht grösser geworden, sondern bloss aufgeschwollen."

Montaigne fragt sich, wie es zugehe, dass eine an Kenntnissen so reiche Seele durch diese nicht lebendiger und thatkräftiger werde und dass ein Geist die Darlegungen und Urteile der vortrefflichsten Männer in sich aufnehmen könne, ohne dadurch besser zu werden.[5]

Die Antwort darauf wird ihm schwer. Die Ansicht einer Hofdame, dass der, der so viele fremde, starke und

---

[1] Essais t. I, p. 166: Mon vulgaire Perigordin appelle fort plaisamment Lettre ferits, ces sçavanteaux, comme si vous disiez Lettre-ferus, auxquels les lettres ont donné un coup de marteau, comme on dit. De vray le plus souvent ils semblent estre ravalez, mesmes du sens commun.
[2] Essais t. I, p. 167: Qui regardera de bien pres à ce genre de gens . . ., il trouvera comme moy, . . . qu'ils ont la souvenance assez pleine, mais le jugement entierement creux.
[3] Essais t. I, p. 201.
[4] Essais t. I, p. 166: Voyez le revenir de là, apres quinze ou seize ans employez, il n'est rien si mal propre à mettre en besongne, tout ce que vous y recognoissez d'avantage, c'est que son Latin et son Grec l'ont rendu plus sot et presumptueux qu'il n'estoit party de la maison. Jl en devoit rapporter l'ame pleine, il ne l'en rapporte que bouffie: et l'a seulement enflée, en lieu de la grossir.
[5] Essais t. I, p. 160: Mais d'où il puisse advenir qu'une ame riche de la cognoissance de tant de choses, n'en devienne pas plus vive, et plus esveillée; et qu'un esprit grossier et vulgaire puisse loger en soy, sans s'amender, les discours et les jugements des plus excellens esprits, que le monde ait porté, i'en suis encore en doute.

grosse Gehirne aufnehmen solle, das seine notwendig einzwängen müsse, um den andern Platz zu machen — ist ihm nicht einleuchtend.[1]) Auch der Vergleich des Geistes mit den Pflanzen, die bei zu grosser Feuchtigkeit absterben, oder mit den Lampen, die bei zu viel Öl verlöschen, will ihm nicht recht passen; denn, meint er, unsere Seele erweitere sich in dem Masse, als sie sich anfülle, und das Altertum biete uns genug Beispiele von Männern, die in öffentlichen Geschäften sich bewährt hätten, grosse Feldherren, grosse Staatsmänner und zugleich sehr gelehrt gewesen seien.[2])

Endlich kommt er zu dem Schlusse, dass die ihm merkwürdige Erscheinung vor allem zwei Ursachen habe.

Die eine scheint ihm darin zu liegen, dass in Frankreich das Studium fast keinen andern Zweck habe als Broterwerb und dass sich ihm fast nur Jünglinge widmeten, die dadurch ihren Unterhalt verdienen möchten; das seien aber Leute, deren Seelen von Natur und infolge häuslicher Erziehung schlecht geartet seien und bei denen die Wissenschaft nur karge Früchte tragen könne, denn diese könne einer Seele kein Licht geben, die keins habe, und einen Blinden nicht sehend machen.[3])

Die andere und zwar die wichtigere Ursache liegt ihm in der falschen Art, sich mit den Wissenschaften zu beschäftigen.[4]) „Wir arbeiten nur daraufhin," führt er aus[5]), „das Gedächtnis zu füllen, und lassen dabei Verstand und Gewissen leer ausgehen. Gerade wie die Vögel zuweilen Futter suchen und es, ohne davon etwas zu geniessen, im Schnabel forttragen, um ihre Jungen damit zu füttern, so

---

[1]) Essais t. I, p. 160: A recevoir tant de cervelles estrangeres, et si fortes, et si grandes, il est necessaire, me disoit une fille, la premiere de nos Princesses, parlant de quelqu'un, que la sienne se foule, se contraigne et rappetisse, pour faire place aux autres.

[2]) Essais t. I, p. 160: Je dirois volontiers, que comme les plantes s'estouffent de trop d'humeur, et les lampes de trop d'huile, aussi faict l'action de l'esprit par trop d'estude et de matiere: ... Mais il en va autrement; car nostre ame s'eslargit d'autant plus qu'elle se remplit —.

[3]) Essais t. I, p. 170.

[4]) Essais t. I, p. 163: Je croy que ce mal vienne de leur mauvaise façon de se prendre aux sciences.

[5]) Essais t. I, p. 163: Nous ne travaillons qu'à remplir la memoire, et laissons l'entendement et la conscience vuide. Tout ainsi que les oyseaux vont quelquefois à la queste du grain, et le portent au bec sans le taster, pour en faire bechée à leurs petits: ainsi nos pedantes vont pillotans la science dans les livres, et ne la logent qu'au bout de leurs lèvres, pour la dégorger seulement, et mettre au vent.

tragen auch unsere Pedanten die Wissenschaft aus Büchern zusammen und haben sie nur auf den Lippen, um sie nachher wieder auszuspeien und sie dem Winde zu übergeben." — „Wir gleichen eigentlich jenem Manne, der, des Feuers bedürftig, zu seinem Nachbar ging, um sich welches zu holen, und als er bei demselben ein hübsches, hellbrennendes fand, sich dabei niedersetzte, sich wärmte und nun weiter nicht daran dachte, welches mit nach Hause zu nehmen." [1])

Aus der Kritik, die Montaigne an der bestehenden Erziehungsweise übt, geht schon hervor, in welcher Weise er den Missbräuchen abgeholfen und das Urteil des Zöglings — denn darauf läuft seine ganze intellektuelle Erziehung hinaus — geschärft wissen will.

In schroffem Gegensatze zu dem gedächtnismässigen Einlernen betont er, dass der Zögling das Erlernte in den Verstand eindringen und in Fleisch und Blut übergehen lassen müsse. Diese Umwandlung der geistigen Speise vergleicht er mit der Bereitung des Honigs bei den Bienen. Er sagt [2]): „Die Bienen nehmen hier und da von den Blumen, aber sie bereiten daraus ihren Honig, der ganz ihr Eigentum, kein Thymian, kein Majoran mehr ist. In gleicher Weise bilde der Zögling das um, was er von anderen entlehnt hat, und vereinige die Elemente desselben zu neuen Verbindungen, um ein ihm eigentümliches Werk daraus zu gestalten." Dieses Gleichnis hatten, wie Raumer bemerkt [3]), schon Petrarka, Erasmus und Baco gebraucht; es war also nicht neu, aber treffend. Noch zwei andere schöne Bilder wendet Montaigne an, um seine Meinung zu veranschaulichen. „Man muss das Wissen," sagt er [4]), „nicht an die Seele knüpfen, sondern es ihr einhauchen" — und [5]): „Man darf die Wissenschaft nicht bloss bei sich zur Herberge nehmen, sondern man muss sie als Gemahl heimführen." Ein Muster

---

[1]) Essais t. I, p. 165: Nous semblons proprement celuy, qui ayant besoing de feu, en iroit querir chez son voisin, et y en ayant trouvé un beau et grand, s'arresteroit là à se chauffer, sans plus se souvenir d'en raporter chez soy.

[2]) Essais t. I, p. 184: Les abeilles pillotent deçà delà les fleurs, mais elles en font apres le miel, qui est tout leur; ce n'est plus thim, ny marjolaine. Ainsi les pieces empruntées d'autruy, il les transformera et confondra, pour en faire un ouvrage tout sien.

[3]) Raumer, Gesch. d. Päd., S. 319.

[4]) Essais t. I, p. 169: Or il ne faut pas attacher le sçavoir à l'ame, il l'y faut incorporer.

[5]) Essais t. I, p. 220: Laquelle (la science) pour bien faire, il ne faut pas seulement loger chez soy, il la faut espouser.

eines Menschen aber, der diesen geistigen Assimilationsprozess an sich vollziehen liess, ist Montaigne selbst. Was er las, das machte er zu seinem wahren geistigen Eigentume. Davon sind seine zahlreichen Zitate ein Beweis: sie fügen sich so ungezwungen in den Text, als wären sie seinem Geiste ursprünglich.

Um das Urteil des Schülers zu schärfen, verlangt er auch, dass man ihn zur Selbstthätigkeit ansporne. „Man schreit uns," lässt er sich vernehmen [1], „unaufhörlich in die Ohren, als ob man es in einen Trichter schüttete, und wir haben nichts zu thun als zu wiederholen, was uns vorgesagt worden ist. Ich wünschte, dass der Hofmeister diesen Fehler vermiede, dass er vielmehr von Anfang an den Zögling, den er zu bilden hat, seine Kraft nach seiner Befähigung selbst erproben liesse. Er wirke zu diesem Zwecke daraufhin, dass derselbe von selbst Geschmack an den Dingen finde, sie von selbst wähle und unterscheide. Bald zeige er ihm den Weg, bald lasse er ihn denselben selbst suchen. Der Erzieher erfinde und rede nicht immer allein, sondern er lasse auch den Schüler reden."

Eine Folge dieses Verlangens nach Selbstthätigkeit des Schülers ist die, dass Montaigne jeden Autoritätsglauben verwirft. Er bedauert, dass bei der gebräuchlichen Erziehungsmethode die Seele durch Einfälle anderer gefesselt und beherrscht werde, dass man sie zu sehr an Gängelbänder gewöhne, dass ihre Kraft und Freiheit infolgedessen dahin sei [2]; er verspottet den Pisaer Gelehrten, dessen vornehmster Grundsatz geheissen habe: der Probierstein aller Wahrheiten sei ihre Übereinstimmung mit den Lehren des Aristoteles [3], und ruft aus [4]: „Wir können wohl sagen: So spricht Cicero,

---

[1] Essais t. I, p. 182: On ne cesse de criailler à nos oreilles, comme qui verseroit dans un antonnoir; et nostre charge ce n'est que redire ce qu'on nous a dit. Ie voudrois qu'il corrigeast cette partie; et que de belle arrivée, selon la portée de l'ame, qu'il a en main, il commençast à la mettre sur la montre, luy faisant gouster les choses, les choisir, et discerner d'elle-mesme. Quelquefois luy ouvrant le chemin, quelquefois le luy laissant ouvrir. Ie ne veux pas qu'il invente, et parle seul: ie veux qu'il escoute son disciple parler à son tour.

[2] Essais t. I, p. 183: Nostre ame ne branle qu'à credit, liée et contrainte à l'appetit des fantaisies d'autruy, serue et captive soubs l'authorité de leur leçon. On nous a tant assubiectis aux cordes, que nous n'avons plus de franches alleures: nostre vigueur et liberté est esteinte.

[3] Essais t. I, p. 183.

[4] Essais t. I, p. 164: Nous sçavons dire, Cicero dit ainsi, voila les mœurs de Platon, ce sont les mots mesmes d'Aristote: mais

so handelt Plato, das sind Worte des Aristoteles; allein was sagen wir selbst? Was thun wir? Was urteilen wir?"

Dem gegenüber soll der Hofmeister nach dem Vorschlage Montaignes[1]) den Zögling jede Meinung „durchs Sieb" schlagen lassen und ihm nichts in den Kopf setzen, was auf blosser Autorität beruht; er soll ihm ebensowenig auf die Grundsätze des Aristoteles als auf die der Stoiker und Epikureer zu schwören erlauben. „Man lege ihm," fährt Montaigne fort[2]), „die verschiedenen Meinungen vor; er wähle darunter, wenn er es vermag; wo nicht, so mag er zweifeln." Über die gläubige Aufnahme eines Urteils stellt er also geradezu den Zweifel.

Dass der Autoritätsglaube für das selbständige Urteil grosse Nachteile hat, ist wohl klar; ob man aber recht thut, wenn man in Fällen, in denen das Kind infolge seines geistigen Unvermögens nicht wählen kann, über ihn den Zweifel stellt, darüber lässt sich streiten. Reimer gewährt dem Zweifel ohne Einschränkung besonders auf religiösem Gebiete die Berechtigung.[3]) Raumer hingegen nennt die Ansicht Montaignes eine „grundverkehrte, die im völligen Widerspruch stehe mit Augustins so tiefsinnigem als wahrem Worte: Fides praecedit intellectum."[4]) Was mich betrifft,

---

nous que disons nous nous mesmes? que faisons nous? que jugeons nous?

[1]) Essais t. I, p. 183: Qu'il luy face tout passer par l'estamine, et ne loge rien en sa teste par simple authorité, et à credit. Les principes d'Aristote ne luy soient principes, non plus que ceux des Stoiciens ou Epicuriens.

[2]) Essais t. I, p. 183: Qu'on luy propose cette diversité de jugemens, il choisira s'il peut: sinon il en demeurera en doubte.

[3]) Reimer, Anmerkungen, S. 59: Montaigne zeigt uns, obschon er selbst hier sich nicht auf religiösem Gebiete bewegt, doch den allein richtigen Weg. Man setze, könnte man seine Worte übertragen, dem Zögling nichts auf blosse Autorität hin und ohne Begründung in den Kopf, lasse ihn ebensowenig auf die Dogmen des Protestantismus als auf die des Katholizismus u. s. w. schwören; man lege ihm die verschiedenen Meinungen vor; er wähle darunter, wenn er es vermag; wo nicht, so mag er zweifeln. Oder mit andern Worten: Der Unterricht fasse die verschiedenen religiösen Anschauungen als kulturhistorische Entwickelungen auf, gebe eine objektive Darstellung der hauptsächlichsten religiösen Anschauungen, eine Charakteristik der wichtigsten religiösen Standpunkte, die in der Gegenwart vertreten sind, und führe dem Schüler zugleich die Hauptmomente der Entwickelung religiöser Anschauungen vor. Dadurch wird der Zögling in den Stand gesetzt, von einem höheren, allgemeinen Standpunkte aus sich später selbst seine Meinung zu bilden.

[4]) Raumer, Gesch. d. Päd., S. 319.

so kann ich weder Reimer noch Raumer beistimmen. Ich gehe hier den Mittelweg, indem ich meine, dass es ganz von der Individualität des Kindes abhängt, ob man es zweifeln lasse oder nicht. Ein schwaches Kind würde durch den Zweifel in gänzliche Haltlosigkeit geraten; geweckte Naturen aber ringen sich durch ihn zu einer um so sichereren Meinung hindurch. Auch Ziegler scheint der Ansicht zu sein, dass der Zweifel nur bei besonders gut beanlagten Schülern über den Autoritätsglauben zu setzen sei, dass man also in diesem Punkte Montaigne nur teilweise recht geben dürfe.[1]

Ein anderer Vorschlag Montaignes zur Schärfung des Urteils besteht darin, den Zögling die Dinge beobachten zu lassen. „Man flösse ihm," sagt er, „eine bescheidene Neugier ein, die über alles genaue Auskunft zu erhalten sucht. Alles, was sich in seiner Umgebung Besonderes findet, soll er besehen: ein Gebäude, einen Springbrunnen, einen Menschen, ein altes Schlachtfeld, einen Weg, den Cäsar oder Karl der Grosse gezogen ist."[2] — „Unserm Zöglinge wird ein Zimmer, ein Garten, der Tisch und das Bett, die Einsamkeit und die Gesellschaft, der Morgen und der Abend, jede Stunde, jeder Ort Veranlassung bieten, seinen Geist zu bilden."[3]

Wenn Montaigne so lebhaft die Beschäftigung mit den Dingen der Aussenwelt fordert, so meint er damit jedoch nicht, dass es nicht auch eine recht hübsche Sache um die Sprache sei.[4] Nur ist sie ihm nicht so wichtig, als man sie macht, und nicht so wertvoll, dass man auf sie das ganze Leben verwenden müsse.[4] Sein Grundsatz lautet: Erst die

---

[1] Ziegler, Gesch. d. Päd., S. 138: Es ist die Frage, ob der Zweifel für den Kindergeist passend ist und ob nicht der Autoritätsglaube ein notwendiges Durchgangsstadium bilden muss, wenigstens für den Durchschnittsmenschen. Männer wie Montaigne mögen sich ja auf ihr eigenes Beispiel berufen, wie das der bedeutende Mensch so gerne thut; aber was für Ausnahmemenschen taugt, taugt darum noch nicht für alle.

[2] Essais t. I, p. 190: Qu'on luy mette en fantasie une honneste curiosité de s'enquerir de toutes choses: tout ce qu'il y aura de singulier autour de luy, il le verra: un bastiment, une fontaine, un homme, le lieu d'une bataille ancienne, le passage de Caesar ou de Charlemaigne.

[3] Essais t. I, p. 202: Au nostre (disciple), un cabinet, un jardin, la table et le lict, la solitude, la compagnie, le matin et le vespre, toutes heures luy seront unes: toutes places luy seront estude.

[4] Essais t. I, p. 213: Ce n'est pas à dire que ce ne soit une belle et bonne chose que le bien dire: mais non pas si bonne qu'on l'a faict, et suis despit dequoy nostre vie s'embesongne toute à cela.

Sachen! Die Worte werden schon von selber kommen. „Verbaque praevisam rem non invita sequentur."[1])

Wird Montaigne durch das Bestreben, den Schüler mit den Gegenständen der Aussenwelt bekannt zu machen, nicht bis zur Verachtung der Sprache fortgerissen, so verfällt er doch dabei in den Fehler, einem gänzlich regellosen Unterrichte das Wort zu reden. Recht deutlich geht das aus folgender Äusserung hervor[2]): „Unsere Lektion wird zufällig stattfinden und ohne an Zeit und Ort gebunden zu sein; sie wird sich mit allen unseren Handlungen verbinden und dahinfliessen, ohne dass wir sie wahrnehmen."

Als ein drittes Mittel, das Urteil des Zöglings zu bilden, betrachtet Montaigne den Umgang mit Menschen; aus ihm, meint er[3]), ziehe man eine wunderbare Klarheit für den menschlichen Verstand.

Dieser Umgang mit Menschen ist ein dreifacher, zunächst ein Umgang mit solchen der engeren Heimat. Jeder, mit dem der Zögling zusammenkommt, soll ihm Stoff zum Nachdenken bieten. Der Page mit seinen Schalksstreichen, der Bediente mit seinen Tölpeleien[4]), der Hirte, der Handwerker, der Reisende — von allen soll er etwas „Ware" nehmen, denn in der Haushaltung sei alles zu gebrauchen.[5])

Dann ist dieser Umgang auch ein solcher mit Menschen anderer Nationen; der Zögling soll fremde Länder besuchen. „Man reist aber nicht," sagt Montaigne[6]), „nur um darüber zu berichten, wieviel Schritte die Santa Rotunda im Umfange enthält . . ., sondern um vorzüglich den Charakter der Nationen, ihre Sitten und Gesetze kennen zu lernen." Zu diesem Zwecke ist es nach der Meinung unseres Autors am

---

[1]) Essais t. I, p. 209.
[2]) Essais t. I, p. 203: . . . nostre leçon se passant comme par rencontre, sans obligation de temps et de lieu, et se meslant à toutes noz actions, se coulera sans se faire sentir.
[3]) Essais t. I, p. 192: Il se tire une merveilleuse clarté pour le jugement humain, de la frequentation du monde.
[4]) Essais t. I, p. 185: Or à cet apprentissage tout ce qui se presente à nos yeux, sert de livre suffisant: la malice d'un page, la sottise d'un valet, un propos de table, ce sont autant de nouvelles matieres.
[5]) Essais t. I, p. 190: Il sondera la portée d'un chacun: un bouvier, un masson, un passant, il faut tout mettre en besongne, et emprunter chacun selon sa marchandise: car tout sert en mesnage.
[6]) Essais t. I, p. 185: . . . pour en rapporter seulement, à la mode de nostre noblesse Françoise, combien de pas a Santa rotonda . . . Mais pour en rapporter principalement les humeurs de ces nations et leurs façons.

besten, den aufmerksamen Beobachter zu spielen. Es verhält sich hiermit, lesen wir bei ihm, wie mit den olympischen Spielen. „Manche üben den Körper, um bei den Spielen den Preis zu gewinnen; andere bringen ihre Waren zu Markte, um dabei Gewinn zu erzielen. Es giebt aber auch Besucher — und das sind nicht die schlechtesten — die keinen anderen Zweck verfolgen als zu beobachten, wie und warum alles geschieht; die das Leben anderer verfolgen und beurteilen, um das ihre danach einzurichten."[1])

Dass das Reisen — um auf diesen Punkt näher einzugehen — auf das ganze Denken wohlthätigen Einfluss hat, ist richtig. „Durch das Anschauen fremder Einrichtungen und Zustände erhält man das richtige Mass der Beurteilung der eigenen heimischen Verhältnisse."[2]) Allein Montaigne verlangt, dass diese Reisen schon „von zarter Kindheit an"[3]) unternommen werden, und diese letzte Forderung ist unzweifelhaft verkehrt. Denn „in einem Alter, wo das Vorstellungsleben sich zu entwickeln beginnt, ist es falsch, das Kind aus den engeren, heimatlichen Verhältnissen hinauszuführen. Nur langsam öffnet sich der kindliche Geist den äusseren Eindrücken, und sollen diese haften bleiben, müssen sie öfters auf denselben einwirken. Durch derartige Reisen aber würden die Einzeleindrücke sich häufen, das Gesamtbild derselben würde verworren werden und der Deutlichkeit entbehren."[2])

Zu den Menschen, deren Umgang der Zögling suchen soll, rechnet Montaigne endlich auch die, deren Andenken nur noch in Büchern fortlebt.[4]) Als Mittel, ihre Bekanntschaft zu machen, empfiehlt er besonders die Lebensbeschreibungen Plutarchs, eines seiner Lieblingsschriftsteller.[5]) Ausgehend von dem Standpunkte, dass man vor allem das Urteil des Schülers bilden müsse, verlangt er auch hier, dass man es

---

[1]) Essais t. I, p. 193: Les uns exercent le corps, pour en acquerir la gloire des jeux: d'autres y portent des marchandises à vendre pour le gain. Il en est, et qui ne sont pas les pires, lesquels n'y cherchent aucun fruict, que de regarder, comment et pourquoy chasque chose se faict: et estre spectateurs de la vie des autres hommes, pour en juger et regler la leur.

[2]) Kehr, S. 15.

[3]) Essais t. I, p. 186: . . . dès sa tendre enfance.

[4]) Essais t. I, p. 190: En cette practique des hommes, i'entends y comprendre, et principalement, ceux qui ne vivent qu'en la memoire des livres.

[5]) Essais t. I, p. 190: Quel profit ne fera-il en cette part là, à la lecture des vies de nostre Plutarque?

weniger darauf ankommen lasse, die Thatsachen zu merken, als über sie zu urteilen.[1] —

Ausser in der Geschichte — das sei mir an dieser Stelle noch zu sagen erlaubt — wünscht Montaigne, dass der Zögling, nachdem sich sein Verstand schon weiter entwickelt habe, in Logik, Rhetorik, Physik und Geometrie unterrichtet werde.[2]) Doch geht er hierauf nicht näher ein. Wärmer empfiehlt er die Philosophie, natürlich keine Darstellung der Systeme, sondern philosophische Aufklärungen über bestimmte Verhältnisse des Lebens und der Natur. Davon werde ich jedoch später zu reden haben.

Was die Sprachen betrifft, so schlägt Montaigne vor, ausser der Muttersprache die Sprache des Nachbarvolkes zu lernen, zu dem man die meisten Beziehungen hat.[3]) Von den alten Sprachen hält er, dass es allerdings ein fein und lieblich Ding um sie sei, dass man sie aber zu teuer erkaufen müsse.[3]) Denen, die sie sich aneignen wollen, empfiehlt er dieselbe Methode, durch die er sie selbst gelernt hat.

In Bezug auf die Zeit endlich, die Montaigne für den Unterricht bestimmt, ist er der Ansicht, dass man ihm nicht mehr als die ersten fünfzehn oder sechzehn Lebensjahre widmen dürfe.[4]) —

Ich schreite nun zur Darstellung von Montaignes Ansichten über die moralische Erziehung. Vorher möchte ich jedoch bemerken, dass man nicht meinen soll, die Mittel, die zur Ausbildung der intellektuellen Seite des Zöglings angeführt worden sind, könnten nicht auch zugleich einen sittlichen Einfluss auf ihn ausüben. Jeder Unterricht wirkt erziehend, und nur in der Theorie muss vieles getrennt werden, was in der Praxis eng verbunden bleibt.

In moralischer Hinsicht ist das Erziehungsziel Montaignes ein „tugendhafter" Mann. Aber nicht die Tugend des

---

[1]) Essais t. I, p. 191: Qu'il ne luy apprenne pas tant les histoires, qu'à en juger.

[2]) Essais t. I, p. 195: ... on l'entretiendra que c'est que Logique, Physique, Geometrie, Rhetorique: et la science qu'il choisira, ayant desja le jugement formé, il en viendra bien tost à bout.

[3]) Essais t. I, p. 213: Ie voudrois premierement bien sçavoir ma langue, et celle de mes voisins, où j'ay plus ordinaire commerce. C'est un bel et grand agencement sans doubte, que le Grec et Latin, mais on l'achepte trop cher.

[4]) Essais t. I, p. 200: ... Nostre enfant est bien plus pressé: il ne doit au pédagogisme que les premiers quinze ou seize ans de sa vie: le demeurant est deu à l'action.

ernsten, sich aufopfernden Christen ist hier gemeint, sondern die des heiteren, eigennützigen französischen Weltmannes, des gentilhomme. Montaigne malt uns jenes Bild mit lieblichen Farben. „Die Tugend," sagt er,[1] „gedeiht nicht, wie die Schule lehrt, auf der Spitze eines steilen, holperigen und unzugänglichen Felsens; diejenigen, die ihr nahe gewesen sind, behaupten im Gegenteil, dass sie in einer schönen, fruchtbaren, blühenden Ebene wohne." — „Diese Tugend ist erhaben, schön, siegreich, reizend, wonnig und mutig; sie ist die erklärte und unversöhnliche Feindin des Haders, des Missvergnügens, der Furcht und des Zwanges; sie hat die Natur zur Führerin, Glück und Wonne zu Begleiterinnen."[2] — „Die Tugend ist die Mutter aller menschlichen Freuden; denn indem sie die Grenzen der Freude bestimmt, macht sie dieselben sicher und rein; indem sie die Freuden mässigt, erhält sie sie frisch und wohlschmeckend; indem sie uns diejenigen versagt, die sie verweigern muss, schärft sie unser Verlangen nach denen, die sie uns vergönnt."[3]

Auf welche Weise ist nun diese Tugend zu erreichen? Montaigne sagt[4]: „Hat man die richtige Anweisung, so kann man zu ihr auf schattigen, mit Rasen bedeckten, blumenreichen Wegen gelangen."

Ein solcher Weg ist nach Montaigne die Philosophie, aber nicht die Philosophie der Scholastiker mit ihren „Ergos", sondern eine „heitere, muntere, fröhliche"[5] Lebensphilosophie. Schon die Kinder sollen in sie eingeführt werden, denn sie enthalte ebensowohl Wahrheiten für das zarteste als für das höchste Lebensalter, und der Säugling, der eben die Brust der Amme verlasse, verstehe sie leichter

---

[1] Essais t. I, p. 197: . . . la vertu, qui n'est pas, comme dit l'eschole, plantée à la teste d'un mont coupé, rabotteux et inaccessible. Ceux qui l'ont approchée, la tiennent au rebours, logée dans une belle plaine fertile et fleurissante.

[2] Essais t. I, p. 198: . . . cette vertu supreme, belle, triumphante, amoureuse, delicieuse pareillement et courageuse, ennemie professe et irreconciliable d'aigreur, de deplaisir, de crainte, et de contrainte, ayant pour guide nature, fortune et volupté pour compagnes.

[3] Essais t. I, p. 199: C'est la mere nourrice des plaisirs humains. En les rendant justes, elle les rend seurs et purs. Les moderant, elle les tient en haleine et en appetit. Retranchant ceux qu'elle refuse, elle nous aiguise envers ceux qu'elle nous laisse.

[4] Essais t. I, p. 198: . . . mais si peut on y arriver, qui en sçait l'addresse, par des routtes ombrageuses, gazonnées et doux fleurantes.

[5] Essais t. I, p. 196: Il n'est rien plus gay, plus gaillard, plus enjoué (que la philosophie).

als Lesen und Schreiben.¹) Die Philosophie sei die Wissenschaft, die uns die Kunst zu leben lehre. Daher solle man uns nicht erst dann mit ihr bekannt machen, wenn unser Leben dahin sei.²) „Hunderte von Schülern," sagt Montaigne,²) „haben sich die Lustseuche zugezogen, bevor sie in ihrem Aristoteles bis an das Kapitel von der Mässigung gekommen sind."

Der zweite Weg zur Tugend ist die direkte Einwirkung des Erziehers auf den Zögling. Diese Einwirkung muss nach Montaigne schon in der zartesten Kindheit stattfinden, denn gerade dieses Alter sei es, in dem das Laster im Herzen festen Boden gewinne; unsere hauptsächlichste Erziehung liege daher in den Händen der Ammen.³)

Im einzelnen fordert Montaigne, im Kinde den Hang zur Grausamkeit und Bosheit zu unterdrücken. In diesem Sinne verurteilt er die Erzieher, die sich über den Zögling freuen, wenn er z. B. ein Tier quält oder seinen Kameraden überlistet, und in diesem Gebahren die Anzeichen künftigen Mutes und geistiger Überlegenheit erblicken.⁴)

Weiterhin verlangt er, dass man den Zögling so erziehe, dass er in seinem Verhalten gegen Untergebene Güte und Gerechtigkeit zeige, in seinen Krankheiten Standhaftigkeit, in seinem Vergnügen Mässigkeit, in seiner Haushaltung Ordnung und in seinem Geschmacke Gleichgiltigkeit.⁵)

Ferner sind nach Montaigne Schweigsamkeit und Be-

---

¹) Essais t. I, p. 200: Un enfant en (de la philosophie) est capable au partir de la nourrisse, beaucoup mieux que d'apprendre à lire ou escrire. La philosophie a des discours pour la naissance des hommes, comme pour la decrepitude.

²) Essais t. I, p. 200: Puis que la philosophie est celle qui nous instruict à vivre, et que l'enfance y a sa leçon, comme les autres aages, pourquoy ne la luy communique l'on? On nous apprend à vivre, quand la vie est passée. Cent escoliers ont pris la verolle avant que d'estre arrivez à leur leçon d'Aristote de la temperance.

³) Essais t. I, p. 124: Ie trouve que nos plus grands vices prennent leur ply dès nostre plus tendre enfance, et que nostre principal gouvernement est entre les mains des nourrices.

⁴) Essais t. I, p. 124: C'est passetemps aux meres de veoir un enfant tordre le col à un poulet, et s'esbattre à blesser un chien et un chat. Et tel pere est si sot, de prendre à bon augure d'une ame martiale, quand il voit son fils gourmer injurieusement un païsant, ou un laquay, qui ne se defend point: et à gentillesse, quand il le voit affiner son compagnon par quelque malicieuse desloyauté, et tromperie.

⁵) Essais t. I, p. 207: On verra . . . s'il y a de la bonté, de la justice en ses deportements, . . . de la vigueur en ses maladies, . . . de la temperance en ses voluptez, de l'ordre en son oeconomie, de l'indifference en son goust.

scheidenheit sehr angenehme Eigenschaften.[1]) Doch will er auch das Selbstbewusstsein des Knaben geweckt wissen; so, wenn er sagt[2]): „Man lehre den Zögling, sich nie in eine Diskussion und einen Streit einzulassen, wenn er nicht einen würdigen Gegner vor sich sieht."

Am eifrigsten tritt er aber für die Wahrheitsliebe ein. „Vorzüglich bringe man ihn dahin," sagt er[3]), „vor der Wahrheit die Waffen zu strecken und sich ihr zu ergeben, sobald er sie erblickt, sei es, dass er sie auf seiten seines Gegners oder nach sorgfältigem Insichgehen in seinem eigenen Geiste gewahr werde."

Die Lüge verdammt er als das grösste Laster. Sie ist ihm der erste Schritt zur sittlichen Verderbnis[4]), eine hässliche Sünde, die nach dem Ausspruche eines Alten Verachtung gegen Gott und zugleich Furcht vor den Menschen bezeuge[5]) — und weiterhin sagt er von ihr[6]): „Wahrhaftig, das Lügen ist ein verfluchtes Laster . . . Wüssten wir an ihr das Scheussliche und Folgenschwere, wir würden sie bis aufs Messer verfolgen, mehr als jedes andere Verbrechen."

Einen Menschen nun, der die Tugend im Sinne Montaignes erreicht hat oder zu erreichen bemüht ist, nennt er weise oder gut, sage ou bon. Der weise Mann steht ihm höher als der gelehrte; weise zu werden, ist ihm das Ziel alles Strebens. „Sapere aude," ruft er uns daher mit Horazens Worten zu[7]),

„Incipe. Vivendi recte qui prorogat horam,
Rusticus expectat dum defluat amnis; at ille
Labitur, et labetur in omne volubilis aevum."

---

[1]) Essais t. I, p. 187: Le silence et la modestie sont qualitez tres commodes à la conversation.
[2]) Essais t. I, p. 188: On luy apprendra de n'entrer en discours et contestation que là, où il verra un champion digne de sa lute.
[3]) Essais t. I, p. 188: Qu'on l'instruise sur tout à se rendre, et à quitter les armes à la verité, tout aussi tost qu'il l'appercevra: soit qu'elle naisse ès mains de son adversaire, soit qu'elle naisse en luy-mesme par quelque ravissement.
[4]) Essais t. III, p. 66: Le premier traict de la corruption des moeurs, c'est le bannissement de la verité.
[5]) Essais t. III, p. 66 et 67: C'est un vilain vice, que le mentir; et qu'un ancien peint bien honteusement, quand il dit, que c'est donner tesmoignage de mespriser Dieu, et quand et quand de craindre les hommes.
[6]) Essais t. I, p. 45: En verité le mentir est un maudit vice... Si nous en connaissions l'horreur et le poids, nous le poursuivrions à feu, plus justement que d'autres crimes.
[7]) Essais t. I, p. 195.

Wie hoch Montaigne das Moralische über das Intellektuelle stellt, das zeigt er drastisch, wenn er sagt[1]): „Ruft unserm Volke in Bezug auf einen Vorübergehenden zu: „O der gelehrte Mann!" und in Bezug auf einen andern: „O der gute Mann!" — es wird seine Augen und seinen Respekt nicht vom ersten abwenden. Ein dritter Ruf wäre hier noch am Platze: „O die Dummköpfe!"

Ja, soweit geht seine Schätzung des Ethischen, des Praktischen, dass er öfter durchblicken lässt, es wäre besser, man beschäftige sich gar nicht mit den Wissenschaften und den Künsten, da diese den Sitten eher schadeten als nützten. „Es ist sehr scherzhaft," erzählt er, „zu sehen, wie Sokrates auf seine Weise den Hippias zum besten hat, als ihm dieser sagt, wie er in gewissen kleinen Städten Siziliens durch Unterrichten ansehnliche Summen, in Sparta hingegen nicht einen Heller verdient habe; wie die Spartaner unwissende Leute wären, die weder Geometrie noch Arithmetik verstünden, nichts von der Grammatik, noch von der Dichtkunst hielten ... — und wie nun am Ende Sokrates ihn nach und nach dahin lenkt, zu gestehen, dass doch ihre Regierungsform vortrefflich, ihr häusliches Leben glücklich und tugendhaft sei, und wie er ihm dann am Schlusse die Entbehrlichkeit seiner Künste erraten lässt."[2])

Die pädagogischen Ansichten Montaignes, die ich bisher dargestellt habe, beziehen sich nur auf das männliche Geschlecht. Im nächsten Abschnitte will ich nun von seinen Meinungen über die Erziehung der Frau sprechen.

Die Erziehung des weiblichen Geschlechts.

Um Montaignes Stellung zur Erziehung des weiblichen Geschlechts bestimmen zu können, ist es unumgänglich notwendig, einen kurzen Überblick zu geben über das, was man

---

[1]) Essais t. I, p. 168: Criez d'un passant à nostre peuple: O le sçavant homme! Et d'un autre: O le bon homme! Il ne faudra pas à destourner les yeux et son respect vers le premier. Il y faudroit un tiers crieur: O les lourdes testes!

[2]) Essais t. I, p. 173: Il est tres-plaisant, de voir Socrates, à sa mode se moquant de Hippias, qui luy recite, comment il a gaigné, specialement en certaines petites villettes de la Sicile, bonne somme d'argent, à regenter: et qu'à Sparte il n'a gaigné pas un sol. Que ce sont gens idiots, qui sçavent ny mesurer ny compter: ne font estat ny de Grammaire ny de rythme ... Et au bout de cela, Socrates luy faisant advouer par le menu, l'excellence de leur forme de gouvernement publique, l'heur et vertu de leur vie privée, luy laisse deviner la conclusion de l'inutilité de ses arts.

im Mittelalter und im 16. Jahrhundert in der Frauenfrage — wenn ich mich so ausdrücken darf — dachte und schaffte. Denn wie leicht kann man doch zu einem ungerechten Urteile über einen Schriftsteller gelangen, wenn man dessen Ansichten nicht mit den schon vorhandenen Anschauungen und Zuständen vergleicht!

[1]) Im Mittelalter war die Erziehung der Mädchen ausschliesslich klösterlich und auf die Frömmigkeit gerichtet. Ein Zeugnis dafür besitzen wir in dem Buche des Ritters de la Tour Landry für den Unterricht seiner Töchter.[2]) Alle Gedanken des Verfassers sind auf die Religion gerichtet. Die Frau ist geschaffen, um zu beten und den grössten Teil ihrer Zeit in der Kirche zuzubringen. Der Ritter schlägt seinen Töchtern als Vorbild eine Gräfin vor, die jeden Tag drei Messen hören wollte.[3]) Er empfiehlt ihnen das Fasten, damit sie ihr Fleisch zähmen, dass es nicht zu üppig werde, und damit sie sich in reiner und heiliger Weise zum Dienste Gottes halten.[4]) Aber nicht nur Gott ist die Frau zum Gehorsam verpflichtet, sondern auch ihrem Manne, der ihr Herr ist. Sie soll ihn fürchten und jeden seiner Befehle ausführen, sei er recht oder nicht, und sollte sie dabei ein Unrecht begehen, so ist sie nicht zu tadeln, sondern allein der Herr.[5]) Die Frau hat noch keine eigene Verantwortung, kein Bestimmungsrecht über sich; sie ist beinahe noch eine Sklavin.[5])

So war es auch im 16. Jahrhundert; die Klagen der beiden Humanisten Vives und Erasmus bezeugen es. Zwar gab es eine Menge religiöser Kongregationen — es seien nur die der Ursulinerinnen, der Angelika und der heiligen

---

[1]) Hierfür verweise ich auch auf Köhlers Dissertation v. J. 1895 über „Molières und Fénelons Stellung zur Erz. d. weibl. Geschl. im Zeitalter Ludwigs XIV."

[2]) Livre du chevalier de la Tour Landry, pour l'enseignement de ses filles, 1372, publié par M. A. de Montaiglou. Paris 1854. Auszüge bei Compayré.

[3]) Compayré t. I, p. 337: Le chevalier propose pour modèle à ses filles une comtesse qui „chascun iour vouloit oïr trois messes."

[4]) Compayré t. I, p. 337: Il recommande le jeûne: „Vous devez ieûner trois iours en la sepmaine, pour mieux donter votre chair, que elle ne s'égaye trop, pour vous tenir plus nettement et saintement en service de Dieu.

[5]) Compayré t. I, p. 337: „Ainsi doit toute bonne femme craindre et obéir à son seigneur, et faire son commandement, soit tort, soit droit, et, se il y a vice, elle en est desblasmée, et demoure le blasme à son seigneur." La femme n'a pas de responsabilité propre; elle ne s'appartient pas, elle est encore presque une esclave.

Elisabeth erwähnt —, die sich der Erziehung junger Mädchen annahmen; doch behauptet wohl Compayré mit Recht, dass die eigentlichen Studien dort sehr vernachlässigt wurden und dass die religiösen Übungen den Unterricht beeinträchtigten.[1]) Die Ausbildung des Verstandes war nicht Sache der Erziehung; wirklicher Unterricht ward dem Weibe nicht zu teil. Man war derselben Ansicht, die ein Jahrhundert später Molière in den Femmes savantes dem Chrysale beilegt, wenn er diesen sagen lässt, dass es nicht ehrbar sei, dass eine Frau studiere und viele Dinge wisse; dass ihr ganzes Studium und ihre Philosophie im Gegenteil darin bestehen solle, den Geist der Kinder zu guten Sitten zu bilden, die Wirtschaft zu führen, ein Auge auf das Gesinde zu haben und sparsam in den Ausgaben zu sein.[2])

Das war die Anschauung der einen Richtung im 16. Jahrhundert; schon aber brach sich eine neue Bahn.

Die gewaltige Strömung, die von Italien aus Mittel- und Westeuropa überflutete, blieb auch nicht ohne Einfluss auf die Erziehung des weiblichen Geschlechtes. Wie in Italien Leonardus Aretinus[3]), in Spanien Ludwig Vives[4]) und in Deutschland Erasmus[5]) für eine gediegenere Bildung der Frau eintraten, so erwuchsen auch in Frankreich die Vorkämpfer der Frauenbildung aus den humanistischen Reihen. Hugues Salel aus dem Lyoner Humanistenkreise beklagt in seinen Chapitres d'amour die Knechtung des weiblichen Geschlechtes und verlangt volle Gleichberechtigung, denn

Nature fit de matiere semblable
L'homme et la femme —

und Claude de Taillemont, ebenfalls aus Lyon, giebt in seinen

---

[1]) Compayré t. I, p. 338: Inutile de dire que les études proprement dites y étaient fort négligées, que les exercices de spiritualité y faisaient tort à l'instruction.
[2]) Les femmes savantes II, 7:
Il n'est pas bien honnête, et pour beaucoup de causes,
Qu'une femme étudie et sache tant de choses.
Former aux bonnes moeurs l'esprit de ses enfants,
Faire aller son ménage, avoir l'oeil sur ses gens,
Et régler la dépense avec économie,
Doit être son étude et sa philosophie.
[3]) Leonardi Aretini de studiis et litteris ad illustrem Dominam Baptistam de Malatestis tractatulus. Liptzick 1496. 6. Heft der Sammlung selten gewordener päd. Schriften des 16. und 17. Jahrh., herausgeg. v. A. Israel, Zschopau.
[4]) Vives, Institutio feminae Christianae.
[5]) Erasmus, Colloquia, ed. Stallbaum. Leipzig 1828. S. 170: Colloquium Abbatis et Eruditae. S. 201: Puerpera.

Champs faëz eine weitläufige Auseinandersetzung, worin der Nachweis geführt wird, dass die Frau ein Anrecht habe auf wissenschaftliche Geistesbildung.[1])

Viele Frauen befleissigten sich denn nun auch der Künste und Wissenschaften, nicht nur die Fürstinnen aus dem Hause Valois, sondern auch Frauen von weniger stolzer Herkunft, z. B. Sybille und Claudine Sceve, Jeanne Gaillarde, Jeanne Flore und Louise Labé.[2])

Im letzten Viertel des 16. Jahrhunderts entartete jedoch diese Richtung. Der Grund dazu mag einesteils in dem Wesen der neuen Bestrebungen selbst, besonders aber in der allgemeinen sittlichen Verderbnis, die die vielen Bürgerkriege dieser Zeit mit sich führten, zu suchen sein. Nach den zwei angegebenen Gründen kann man auch die Auswüchse nach zwei Seiten hin verfolgen. Die gelehrten Frauen entwickelten sich zu „Preziösen" oder zu solchen Damen, die den wissenschaftlichen Verkehr nur als Mittel benutzten, ihre erotischen Beziehungen zu den Männern zu pflegen — beides Vorgänge, die sich im 17. Jahrhundert im grossen Massstabe wiederholten.

Die Entartung am Ende des 16. Jahrhunderts muss man immer im Auge behalten, wenn man Montaignes Meinungen über die Erziehung der Frau — er schrieb sie zum grossen Teile in den achtziger Jahren nieder — verstehen will.

Es herrschten also im 16. Jahrhundert zwei Anschauungen bezüglich der „Frauenfrage": eine mittelalterliche und eine moderne, wie ich sie kurz bezeichnen kann. Welche Stellung nahm nun Montaigne zu ihnen ein?

Hören wir zunächst die Kritiker, die Montaignes Ansichten über die weibliche Erziehung — wenn auch nur kurz und oberflächlich — beurteilt haben! Bloss zwei habe ich deren gefunden: Compayré[3]) und Mme Jules Favre. Beide wissen offenbar nicht, was sie aus den Äusserungen, die Montaigne in diesem Punkte thut, machen sollen. Während nun Compayré sich begnügt, davon einzelne anzuführen und darauf hinzuweisen, dass Montaigne in dieser Sache nichts

---

[1]) Birch-Hirschfeld, 1. Band, Seite 172.
[2]) Birch-Hirschfeld, 1. Band, Seite 175 (Gesch. d. fr. Litt. Stuttgart. 1889).
[3]) Compayré bespricht Montaignes Stellung zur Erziehung des weiblichen Geschlechtes nur in dem Artikel, den er für das von Buisson herausgegebene Dictionnaire geschrieben hat; in seinen Doctrines de l'éducation findet sich darüber nichts.

Gescheiteres vorgebracht habe[1]), wendet sich Mme Jules Favre in leidenschaftlicher Erregung gegen die von Montaigne ausgesprochene Ansicht, dass das Weib ein untergeordnetes Wesen sei und sich nicht mit den Wissenschaften abgeben dürfe. Ihr Gewissen empört sich, derartige Verirrungen in einem sonst so gesunden Verstande zu finden, und sie kann sich nicht erwehren, die Ursache für eine „so wenig vernünftige Meinung" im Herzen des Verfassers zu vermuten.[2]) Natürlich, wo sollte ein Weib den Grund auch anders suchen?

Compayré und besonders Mme Jules Favre thun ihrem Landsmann Unrecht, weil sie ihn nicht verstehen; und sie müssen ihm Unrecht thun und können ihn nicht verstehen, weil sie eine subjektiv-praktische Kritik anwenden, wo nur eine objektiv-historische am Platze ist, weil sie ihn von sich und den Bedürfnissen ihrer Zeit aus beurteilen, anstatt seine Ansichten mit den kulturellen Zuständen des 16. Jahrhunderts zu vergleichen.

Darin hat Mme Favre allerdings recht — und damit komme ich selbst zur Darstellung von Montaignes Anschauungen über die weibliche Erziehung —, dass er im allgemeinen keine allzu hohe Meinung von der Frau hat. Mehr als einmal äussert er sich über sie höchst geringschätzig[3]), und obgleich er, von Plato verführt, behauptet, dass der natürliche Unterschied zwischen dem männlichen und weiblichen Geschlechte nicht gross sei[4]), so betrachtet er doch das Weib als ein untergeordnetes Wesen; die Frau ist geboren, um zu dienen, weniger um frei zu sein.[5]) In dieser Überzeugung wünscht er nicht, dass man ihr das zwei-

---

[1]) Bei Buisson, Art. Montaigne, S. 1691: ... sur ce point il n'est qu'un pédagogue à courtes vues.
[2]) Mme Jules Favre, p. 321: La conscience se révolte en présence de telles aberrations dans un esprit si droit; et l'on ne peut se défendre de chercher quelque raison du coeur pour expliquer une opinion si peu rationnelle.
[3]) Das Kapitel, in dem er von drei guten Weibern spricht, beginnt er z. B. mit den Worten: Il n'en est pas à douzaine, comme chacun sçait, et notamment aux devoirs de mariage. Essais t. III, p. 177.
[4]) Essais t. III, p. 391: Ie dis, que les masles et femelles, sont jettez en mesme moule, sauf l'institution et l'usage, la différence n'y est pas grande. Platon appelle indifferemment les uns et les autres, à la société de tous estudes, exercices, charges et vacations guerrieres et paisibles, en sa republique.
[5]) Essais t. II, p. 81: l'eusse esté beaucoup plus religieux encores en cela (er spricht von der Erz. seiner Töchter) vers des masles, moins nais à servir, et de condition plus libre.

schneidige Schwert des Wissens anvertraue — ein Schwert, das seinem Träger beschwerlich werde und ihn selbst verwunde, wenn seine Hand schwach und ungeübt sei.[1] Mit sichtbarer Genugthuung und Billigung berichtet er, dass Franz, Herzog von der Bretagne, als man mit ihm über seine Heirat mit Isabeau von Schottland gesprochen und hinzugefügt habe, dass sie einfach erzogen sei und ohne jede Kenntnis der Wissenschaften, geantwortet habe: die Prinzessin sei ihm um so lieber, und eine Frau sei gelehrt genug, wenn sie das Hemd vom Wamse ihres Mannes zu unterscheiden verstünde.[2] Seine gelehrten Zeitgenössinnen verspottet er in rücksichtsloser Weise. Bei jeder Gelegenheit, meint er, und handelte sichs dabei auch um einen ganz gewöhnlichen und bekannten Gegenstand, bedienten sich diese Damen sprechend und schreibend neuer und gelehrter Wendungen. In der Angst, im Zorne, in der Freude, im Kummer, bei Erklärung von Herzensheimlichkeiten — stets sprächen sie wie ein gedrucktes Buch. Den Plato und den heiligen Thomas führten sie sogar bei solchen Dingen an, wobei der erste beste als Zeuge dienen könnte. Die Gelehrsamkeit, welche bei ihnen den Weg bis zur Seele nicht habe finden können, sei ihnen auf der Zunge geblieben.[3]

Als erfahrener Beobachter hat Montaigne erkannt, dass diese Damen oft nicht bloss um der Wissenschaft willen mit den Männern in Verbindung treten, sondern hauptsächlich um ihnen zu gefallen. Er rät ihnen deshalb, aus diesem Grunde nicht erst Zuflucht zur Wissenschaft zu nehmen, sondern sich mit ihren eigenen natürlichen Reizen zu begnügen. Sie sollen ihre eigenen Schönheiten nicht

---

[1] Essais t. I, p. 169: C'est un daugereux glaive, et qui empesche et offence son maistre s'il est en main foible, et qui n'en sçache l'usage.

[2] Essais t. I, p. 169: François Duc de Bretaigne filz de Jean V comme on luy parla de son mariage avec Isabeau fille d'Escosse, et qu'on luy adjousta qu'elle avoit esté nourrie simplement et sans aucune instruction de lettres, respondit, qu'il l'en aymoit mieux, et qu'une femme estoit assez sçavante, quand elle sçavoit mettre difference entre la chemise et le pourpoint de son mary.

[3] Essais t. III, p. 287: A toute sorte de propos, et matiere, pour basse et populaire qu'elle soit, elles se servent d'une façon de parler et d'escrire, nouvelle et sçavante.

    Hoc sermone pavent, hoc iram, gaudia, curas,
    Hoc cuncta effundunt animi secreta, quid ultra?
Concumbunt docte.
Et alleguent Platou et sainct Thomas, aux choses auxquelles le premier rencontré, serviroit aussi bien de tesmoing. La doctrine qui ne leur a peu arriver en l'ame, leur est demeurée en la langue.

unter fremden verstecken und ihren eigenen Glanz nicht
verschleiern, um mit einem erborgten Lichtlein zu leuchten.
Sie seien unter einer lächerlich übertriebenen Kunst so gut
wie verscharrt und begraben. Das komme aber nur daher,
weil sie nicht genug Selbsterkenntnis besässen. Sie seien
die schönste Zierde der Welt, schöner als alle Kunst und
alle Schminke.[1])

Mme Favre weiss nicht, ob sie diese Worte Montaignes
für eine aufrichtige Huldigung der natürlichen Anmut wohl-
erzogener Frauen halten soll oder für den frivolen Ausdruck
einer Meinung, nach der die Frauen nur auf der Welt
seien, um zu gefallen.[2]) Meines Erachtens aber kann hier
über die wahre Ansicht Montaignes kein Zweifel sein; man
vergleiche nur diese Äusserung mit anderen! Montaigne
spricht sich deutlich darüber aus, dass die erste Bestimmung
des Weibes die sei, in stiller Zurückgezogenheit die Wirtschaft
zu führen[3]), nicht die, bei den Männern Gefallen zu erregen,
und an anderer Stelle nimmt er lebhaft Stellung gegen die Art
der Erziehung, durch die das Mädchen nur zur Gefallsucht erzogen
werde.[4]) Dagegen giebt er auch anderwärts zu, dass die Natur
das weibliche Geschlecht mit anmutigen Vorzügen ausgestattet
habe; so, wenn er sagt: „Sie können ihren Augen Munterkeit,
Strenge und Freundlichkeit verleihen und verstehen, ihre
Härte, ihren Zweifel und ihre Gunst mit einem süssen
„Nicht doch!" zu würzen . . . Mit dieser Wissenschaft
befehlen sie wie mit einem Zauberstabe und regieren die
Regenten der Schule."[5]) Es steht also nichts meiner Annahme

---

[1]) Essais t. III, p. 287: Si les bien-nees me croient, elles se
contenteront de faire valoir leurs propres et naturelles richesses.
Elles cachent et couvrent leurs beautez, soubs des beautez estrangeres: c'est grande simplesse, d'estouffer sa clarté pour luire d'une
lumiere empruntee. Elles sont enterrees et ensevelies soubs l'art
de Capsula totae. C'est qu'elles ne se cognoissent point assez: le
monde n'a rien de plus beau: c'est à elles d'honnorer les arts, et
de farder le fard.

[2]) Mme Jules Favre, p. 324: Est-ce là un hommage sincère
rendu aux grâces naturelles des femmes bien-nées . . . ? Ou plutôt
le langage frivole de la fausse galanterie qui n'admet pas que la
femme soit au monde pour autre chose que pour plaire?

[3]) Essais t. IV, p. 105. S. S. 46 dieser Arbeit, Anm. 5.

[4]) Essais t. III, p. 335: Nous les dressons dès l'enfance, aux
entremises de l'amour: leur grâce, leur attifeure, leur sciences,
leur parole, toute leur instruction, ne regarde qu'à ce but.

[5]) Essais t. III, p. 288: . . . elles peuvent . . . renger la grace
de leurs yeux, à la gayeté, à la séverité, et à la douceur: assaisonner
un nenny, de rudesse, de doubte, et de faveur . . . Avec cette science,
elles commandent à baguette, et regentent les regents de l'escole.

entgegen, dass Montaigne mit den fraglichen Worten seiner Anerkennung der natürlichen weiblichen Anmut Ausdruck verliehen habe.

Die gegnerische Stellung zu dem „Preziösentum" und der Koketterie seiner Zeitgenössinnen reisst Montaigne zu einer so radikalen Verurteilung der Wissenschaft in den Händen der Frau fort[1]), dass man — wie schon angedeutet — angenommen hat, er wünsche, dass die Frau gänzlich unwissend bleibe. Doch nur den entarteten „gelehrten" Frauen seiner Zeit gegenüber — das kann nicht genug betont werden — redet er vollständiger Unwissenheit das Wort. In Wirklichkeit giebt auch er zu, dass es gut sei, die Frauen mit gewissen Künsten und Wissenszweigen bekannt zu machen. So hält er sie für berechtigt, sich mit der Dichtkunst zu beschäftigen.[2]) Ferner rät er ihnen das Studium der Geschichte, aus der sie mancherlei Vorteile ziehen könnten[3]), und besonders empfiehlt er ihnen die Philosophie. Aus ihr sollen sie lernen, die Menschen zu beurteilen, sich gegen die Verrätereien der Männer zu wehren, ihre eigenen Begierden zu zähmen, ihre Freiheit zu schonen, die Vergnügungen des Lebens zu verlängern, mit Gelassenheit die Unbeständigkeit eines Geliebten, die Rauheit eines Ehemannes, die Last der Jahre und Runzeln und andere ähnliche Dinge zu ertragen.[4])

Die höchste „Wissenschaft", deren sich die Frau zu befleissigen hat, bleibt ihm aber die „Wissenschaft" der Haushaltung. Geizhälse kenne er wohl, aber wenig gute Wirtinnen. Wirtschaftlichkeit sei die Haupttugend, die man vor allen anderen suchen müsse als eine Mitgift, ohne die ein Hausstand nicht gedeihen könne.[5]) Mit Verdruss sehe

---

[1]) Vergl. hierzu auch Essais t. III, p. 288: Quand ie les voy attachees à la rhetorique, à la judiciaire, à la logique, et semblables drogueries, si vaines et inutiles à leur besoing —.

[2]) Essais t. III, p. 288: La poësie est un amusement propre à leur besoin.

[3]) Essais t. III, p. 288: Elles tireront aussi diverses commodités de l'histoire.

[4]) Essais t. III, p. 288: En la philosophie, de la part quie sert à la vie, elles prendront les discours qui les dressent à juger de nos humeurs et conditions, à se deffendre de nos trahisons: à régler la temerité de leurs propres desirs: à mesnager leur liberté, allonger les plaisirs de la vie, et à porter humainement l'inconstance d'un serviteur, la rudesse d'un mary, et l'importunité des ans, et des rides, et choses semblables.

[5]) Essais t. IV, p. 105: La plus utile et honnorable science et occupation à une mere de famille, c'est la science du mesnage. I'en veois quelqu'une avare: de mesnagiere, fort peu; c'est sa

er in manchen Haushaltungen den Mann, von Geschäften ermüdet, gegen Mittag nach Hause kommen, während die gnädige Frau noch in ihrem Zimmer sitze, um sich zu frisieren und zu putzen; das gehöre für die Königinnen und vielleicht auch nicht einmal für die.[1]) Wenn der Mann den Stoff herbeischaffe, so solle die Frau die Form dazu geben.[2])

Um nun meine Antwort auf die oben gestellte Frage nach der Stellung Montaignes zu den beiden vorhandenen Strömungen zu geben, so kann ich sagen, dass er eine berechtigte Mittelstellung zwischen den zwei Richtungen einnimmt, allerdings mit einer durch die Zeitumstände entschuldbaren Hinneigung zur mittelalterlichen Anschauung.

Mit diesem Urteile verlasse ich diesen Punkt, um noch eine kurze Zusammenfassung von Montaignes pädagogischen Anschauungen überhaupt zu geben und damit diesen zweiten Teil meiner Arbeit abzuschliessen. —

Montaignes pädagogische Anschauungen bedeuten, soweit sie sich besonders auf das männliche Geschlecht beziehen, einen völligen Bruch mit den Ansichten des Mittelalters. Der religiös gearteten Ausbildung des Schülers stellt er die Entwicklung der allgemeinen Menschenkräfte für das praktische Leben gegenüber, der lieblosen Zucht eine sanfte Behandlung, der Vernachlässigung der Leibespflege eine tüchtige körperliche Erziehung, dem gedächtnismässigen Auswendiglernen die Schärfung des Urteils, dem unnützen Wissenskram den Wert des Handelns.

Nicht zu verkennen ist allerdings, dass ihn der Eifer der Opposition zuweilen über die Grenze der Wahrheit hinaus zu dem entgegengesetzten Extreme fortreisst. Man denke an sein Hofmeisterprinzip, an die harten Forderungen in der Leibespflege, an sein Eintreten für einen spielenden Unterricht, an seine Ansicht über den Zweifel und über das Reisen kleiner Kinder!

---

maistresse qualité, et qu'on doibt chercher avant tout aultre, comme le seul douaire qui sert à ruyner ou sauver nos maisons. Qu'on ne m'en parle pas: selon que l'experience m'en a appris, ie requiers d'une femme mariée, au dessus de toute aultre vertu, la vertu oeconomique.

[1]) Essais t. IV, p. 105: Ie veois avecques despit, en plusieurs mesnages, monsieur revenir maussade et tout marmiteux du tracas des affaires, environ midy, que madame est encores aprez à se coeffer et attiffer en son cabinet: c'est à faire aux roynes; encores, ne sçais ie.

[2]) Essais t. IV, p. 106: Sie le mary fournit de matiere, nature mesme veult qu'elles fournissent de forme.

Wunder muss es uns nehmen, dass Montaigne, der doch selbst so warme Freundschaft halten konnte[1]), sich nur wenig über die Bildung des Gemütes ausspricht und so unterlässt, eine bedeutende Lücke in seinem Erziehungsplane auszufüllen.[2])

Als falsch sind endlich die Ansichten zurückzuweisen, dass Montaigne die Natur des Kindes für ursprünglich rein gehalten habe, dass bei ihm die Ausbildung des Körpers in dessen Verweichlichung umgeschlagen und dass er in Bezug auf die weibliche Erziehung für gänzliche Unwissenheit eingetreten sei.

III. Teil.

Einfluss der pädagogischen Anschauungen Montaignes auf Rousseau.

In welchem Grade die pädagogischen Anschauungen Montaignes auf dessen Zeitgenossen eingewirkt haben, lässt sich schwer bestimmen; Thatsache ist aber, dass sie schon im 16. Jahrhundert nicht ohne Einfluss geblieben sind.

Montaigne erzählt selbst, dass Buchanan[3]) über die Erziehung der Kinder habe schreiben und dabei seine Erziehungsweise zum Muster nehmen wollen.[4]) Von Charron[5]) besitzen wir ferner eine Abhandlung über Erziehung[6]), die weiter nichts ist als ein Palimpsest, unter dem man die

---

[1]) S. S. 11 dieser Arbeit, Anm. 3!
[2]) Wie Compayré (Doctrines de l'éducation t. I, p. 115), so kann auch ich Guizot nicht beistimmen, wenn er es Montaigne als ein Verdienst anrechnet, sich so gut wie nicht über die Bildung des Gemütes ausgesprochen zu haben. Guizot sagt (Méditations et Études morales, p 404): Je ne sais si je me trompe, mais ce silence presque absolu que Montaigne a gardé sur cette partie de l'éducation qui s'attache, comme on dit, à former le cœur de l'élève, me paraît une nouvelle preuve de son bon jugement.
[3]) George Buchanan, schottischer Historiker und Dichter, 1506—1582.
[4]) Essais t. I, p. 215: Buchanan, que ie vis depuis à la suite de feu Monsieur le Mareschal de Brissac, me dit, qu'il estoit apres à escrire de l'institution des enfans, et qu'il prenoit l'exemplaire de la mienne.
[5]) Charron war Freund u. Schüler M.s, zuerst Rechtsgelehrter, dann Theolog; 1541—1603.
[6]) Traité de la sagesse, livre III, chap. XIV. Auszüge bei Compayré.

Essais wiederfindet.¹) Ebenso hat sich Tabourot²) in seinen Bigarrures³) eng an Montaigne angeschlossen.

Die bedeutendsten Schüler hat Montaigne jedoch im 17. und 18. Jahrhundert gefunden: John Locke und J.-J. Rousseau. Im folgenden werde ich mich nur auf den Einfluss beschränken, den die pädagogischen Anschauungen Montaignes auf Rousseau ausgeübt haben.

Auf den ersten Blick scheint es unnötig, nachzuweisen, dass ein Einfluss Montaignes auf Rousseau besteht. Jedermann nimmt einen solchen an. Baur versteigt sich sogar zu dem Satze⁴): „Es ist, als ob Rousseaus pädagogische Schriften nur die Ausführung wären der von Montaigne gelieferten Texte" — und Nisard⁵): „Rousseau hat Montaigne kopiert." Worauf gründen sie aber ihre Behauptung? Einzig und allein darauf, dass beide Schriftsteller gleiche oder ähnliche Ansichten haben. Auch Dr. Bauck hat den Einfluss Montaignes auf Rousseau schon dadurch nachweisen zu können geglaubt, dass er einige ihrer Anschauungen nebeneinander stellte. Damit ist meines Erachtens jedoch der Beweis noch nicht erbracht, dass Rousseau wissentlich auf den Schultern Montaignes gestanden habe. Denn können nicht Männer verschiedener Epochen zu gleichen Ansichten gelangt sein infolge gleicher Erziehung und gleicher kultureller Zustände? Und finden wir bei unsern beiden Autoren in der That nicht manches Übereinstimmende in ihrem Werdegange und ihren Zeitverhältnissen? War die Erziehung Rousseaus im väterlichen Hause nicht ebenso originell wie die Montaignes? Las er nicht ebenso wie dieser mit wahrem Eifer den Ovid, den Plutarch, den Tacitus? Und denken wir an die kulturellen Zustände! — bot die Mitte des 18. Jahrhunderts in Frankreich nicht ein ebenso trübes Bild wie der Ausgang des 16.? Forderten insbesondere die Übelstände in der Erziehung zur Zeit Rousseaus nicht ebenso zur Kritik heraus wie zweihundert Jahre früher? Immer ist zu bedenken, und ich will es gleich an dieser Stelle hervorheben: Wenn sich auch ein Einfluss Montaignes auf Rousseau nachweisen lässt,

---

¹) Compayré t. I, p. 111: Son livre n'est qu'un palimpseste sous lequel on retrouve les Essais.
²) Étienne T., genannt Seigneur des Accords, franz. Schriftsteller u. Dichter. 1549—90.
³) Das Kap., das von der Erz. handelt, ist betitelt: Quelques traits utiles pour l'institution des enfants. Auszüge bei Compayré.
⁴) Baur, Erziehungslehre, S. 65.
⁵) Nisard, Hist. de la Litt. franç., t. I, p. 449.

sei es ein indirekter oder ein direkter oder beides zugleich, nie hätte sich Rousseau die Wahrheiten Montaignes so zu eigen machen können, wenn sein Wesen in vielen Punkten nicht ebenso geartet wie das seines Vorgängers und die Missbräuche seiner Zeit nicht ebenso auffallend wie im 16. Jahrhundert gewesen wären.

Obgleich nun der Umstand, dass zwei Männer gleiche oder ähnliche Ideen haben, nicht mit Gewissheit darauf schliessen lässt, dass sie voneinander abhängig sind, so macht er doch einen Einfluss des früheren auf den späteren wahrscheinlich. Auch muss diese Gleichheit oder Ähnlichkeit der Ansichten bereits als eine Thatsache feststehen, wenn die andern Beweise, die ich für den Einfluss Montaignes auf Rousseau erbringen werde, ihre Beweiskraft haben sollen. Es ist also ersichtlich, dass auch ich mich nicht der Notwendigkeit entziehen kann, zunächst zu zeigen, worin Rousseaus pädagogische Anschauungen mit denen Montaignes übereinstimmen. Doch werde ich mich hierbei möglichst kurz fassen.

Wie Montaigne, so will auch Rousseau im Menschen den Menschen ausgebildet wissen, d. h. den Menschen in seinen natürlichen Fähigkeiten, ohne Rücksicht auf einen später zu erlernenden Beruf. Sein Ziel ist mit einem Worte l'homme naturel. „Mein Zögling," sagt er[1]), „wird weder Beamter, noch Soldat, noch Priester sein, sondern zunächst ein Mensch, und an jedem Platze, wohin ihn das Geschick stellt, wird er sich brauchbar erweisen." — „Er wird wissen, sich selbst zu erhalten, die Schläge des Schicksals zu ertragen, dem Überflusse und der Not zu widerstehen und wenn es sein müsste, auf den Gletschern Islands oder auf Maltas glühendem Felsen zu leben."[2])

Während beide Autoren in der Ansicht vom Endzwecke der Erziehung im grossen und ganzen einig sind, gehen sie in der über die ursprüngliche Natur des Zöglings auseinander. Das Lob, das Montaigne der Natur im allgemeinen zollt, hat Rousseau zu der Behauptung erweitert, dass jede einzelne

---

[1]) Rousseau, Oeuvres t. VII, p. 11: ... il ne sera ... ni magistrat, ni soldat, ni prêtre: il sera premièrement homme ... et la fortune aura beau le faire changer de place, il sera toujours à la sienne.

[2]) R., Oeuvres t. VII, p. 13: ... à se conserver étant homme, à supporter les coups du sort, à braver l'opulence et la misère, à vivre s'il le faut, dans les glaces d'Islande ou sur le brûlant rocher de Malthe.

Kindesseele von Natur gut sei. Diesen falschen Grundsatz stellt er in den bekannten Worten: „Tout est bien, sortant des mains de l'Auteur des choses"[1] — seinem ganzen Werke voran, und weiterhin sagt er[2]: „Es giebt keine ursprüngliche Verkehrtheit im menschlichen Herzen, und kein einziges Laster findet sich darin, von dem man nicht sagen könne, wie und wodurch es hineingekommen ist."

Auch in der Beantwortung der Frage, wer das Kind erziehen müsse, stimmt Rousseau nur teilweise mit Montaigne überein. Montaigne ist grundsätzlich für die Amme[3] und grundsätzlich für den Hofmeister; Rousseau dagegen stellt als wahre Amme die Mutter, als eigentlichen Erzieher den Vater hin, und nur weil er glaubt, seine Lehren am besten an einer von Geschäften freien Person zeigen zu können, übergiebt er seinen Zögling einem Hofmeister. Von der Bedeutung, die ein Hofmeister für den Zögling hat, ist er jedoch ebenso überzeugt wie Montaigne. Er verlangt deshalb von ihm, dass er selbst gut erzogen und jung sei; vor allem dürfe er nicht für Geld zu haben, kein Mietling sein.[4]

Vollständige Übereinstimmung findet sich auch dort, wo es sich um den Wert der körperlichen Ausbildung handelt. Was der menschliche Verstand aufnimmt, so lässt sich Rousseaus Meinung hierüber zusammenfassen, wird ihm durch die Sinne zugeführt, das Sinnliche bildet die Grundlage des Intellektuellen; unsre Füsse, unsre Hände, unsre Augen sind unsre ersten Lehrer der Philosophie. Darum muss man Glieder und Sinne als Instrumente der Intelligenz üben, und ebendeswegen muss der Leib gesund und stark sein. Die Gymnastik gab den Alten diese Energie des Leibes und der Seele, die sie auffallend vor uns auszeichnet. Man gebe weite Kleider, in denen sich das Kind frei und bequem bewegen kann; selbst im Winter trage es Sommerkleider und keine Kopfbedeckung; auch erhitzt trinke es kaltes Wasser; es schlafe nicht in weichen Betten; es übe sich in körperlicher Arbeit, es handele, laufe, schreie, verschaffe sich immer Bewegung; besonders lerne es schwimmen.[5] — Interessant

---

[1] R., Oeuvres t. VII, p. 1.
[2] R., Oeuvres t. VII, p. 128: Il n'y a point de perversité originelle dans le coeur humain. Il ne s'y trouve pas un seul vice dont on ne puisse dire comment et par où il y est entré.
[3] Essais t. IV, p. 284: Ne prenez jamais, et donnez encores moins à vos femmes, la charge de leur nourriture!
[4] R., Oeuvres t. VII, p. 30f.
[5] R., Oeuvres t. VII, p. 207f.

ist es, zu sehen, wie Rousseau auch die Abneigung gegen die Ärzte mit Montaigne gemein hat. Die Arzneikunst, meint er, mache uns niederträchtig; heile sie auch den Leib, so töte sie doch den Mut. Ärzte mit Rezepten, Philosophen mit Präzepten und Priester mit Ermahnungen machten das Herz feig und seien die Ursache, dass man das Sterben verlerne.[1])

Was die intellektuelle Erziehung betrifft, so stimmt Rousseau mit Montaigne hauptsächlich darin überein, dass er wie dieser fordert, das Kind zum selbständigen Denken anzuleiten und Wert auf die Anschauung zu legen.

Um zunächst die Selbstthätigkeit im Kinde anzuregen, verlangt Rousseau, dass der Zögling die Wissenschaft nicht lerne, sondern sie erfinde [2]), und wie Montaigne zieht auch er aus dieser Forderung die Folgerung, dass das Kind vor dem Einflusse der Autorität zu bewahren sei. „Das Kind thue nichts aufs Wort," sagt er[3]), „ihm ist nur das gut, was es selbst als gut erkennt." — „Ihr raubt ihm durch eure Weise den gesunden Menschenverstand; ihr gewöhnt es, sich immer leiten zu lassen, nur eine Maschine in andrer Händen zu sein. Vom Kinde Gelehrigkeit verlangen, heisst verlangen, dass es erwachsen leichtgläubig werde und sich am Narrenseile führen lasse."[4])

In dem Bestreben, jede Autorität vom Kinde fern zu halten, richtet sich Rousseau, über Montaigne hinausgehend, auch gegen die Beschäftigung mit Büchern. Mit zwölf Jahren soll Emil noch gar nicht wissen, was ein Buch ist[5]), und auch dann soll noch lange Zeit hindurch seine Bibliothek aus einem einzigen Buche bestehen, aus Robinson Crusoe.[6])

Zum Ersatze hierfür legt er um so mehr Wert auf die Dinge selbst. Die Äusserungen, die er hierüber thut, gehören vielleicht zu den schönsten und trefflichsten des ganzen Buches und haben im vorigen Jahrhundert den grössten

---

[1]) R., Oeuvres t. VII, p. 40 f.
[2]) R., Oeuvres t. VII, p. 306: Qu'il n'apprenne pas la science; qu'il l'invente.
[3]) R., Oeuvres t. VII, p. 330: Que l'enfant ne fasse rien sur parole; rien n'est bien pour lui, que ce qu'il sent être tel.
[4]) R., Oeuvres t. VII, p. 331: Vous lui ôtez l'instrument le plus universel de l'homme, qui est le bon sens; vous l'accoutumez à se laisser toujours conduire, à n'être jamais qu'une machine entre les mains d'autrui. Vous voulez qu'il soit docile étant petit; c'est vouloir qu'il soit crédule et dupe étant grand.
[5]) R., Oeuvres t. VII, p. 184.
[6]) R., Oeuvres t. VII, p. 346.

Einfluss auf die Pädagogen ausgeübt und den Schulen bis auf unsre Tage des Segens genug gebracht. Während Montaigne nur im allgemeinen zeigt, wie er die Forderung der Anschaulichkeit durchgeführt wissen will, giebt uns Rousseau eine ausführliche Darstellung, wie er sie sich in den verschiedenen Wissenszweigen, besonders in der Geometrie, Astronomie, Geographie, Physik und der Geschichte verwirklicht denkt. Dabei zeigt sich überall, dass es ihm weniger auf das „Was" und „Wieviel" als auf das „Wie" ankommt. In der Geschichte hält auch er wie Montaigne den biographischen Unterricht für den besten und empfiehlt wie dieser vor allem die Lektüre Plutarchs.[1])

Im Gegensatze zu der laxen Forderung hinsichtlich der wissenschaftlichen Bildung legen beide Autoren ein grosses Gewicht auf die Charakterbildung. Wie seinem Vorgänger, so geht auch Rousseau das Praktisch-Nützliche über das Theoretische, das Moralische über das Intellektuelle. Hören wir einige seiner Äusserungen! „Man verlangt von einem Menschen nicht mehr Rechtschaffenheit, sondern Talente... Die Belohnungen werden an die Schöngeister verschwendet, und die Tugend wird nicht geehrt. Es giebt tausend Preise für hübsche Reden, nicht einen für schöne Handlungen."[2]) — „Ich sehe überall ungeheure Erziehungsanstalten, wo man mit grossen Kosten die Jugend erzieht, um sie in allen Dingen zu unterrichten, ausgenommen in den Pflichten. Eure Kinder werden ihre Muttersprache nicht kennen lernen, aber sie werden andre sprechen, die nirgends im Gebrauche sind; sie werden Verse machen lernen, die sie kaum verstehen werden; ohne die Wahrheit von dem Irrtume unterscheiden zu können, werden sie die Kunst besitzen, andern die Wahrheit durch Scheingründe zu verdunkeln; aber sie werden nicht wissen, was die Worte: Seelengrösse, Billigkeit, Mässigung, Humanität und Mut bedeuten."[3])

---

[1]) R., Oeuvres t. VII, p. 474.
[2]) R., Oeuvres t. I, p. 36: On ne demande plus d'un homme, s'il a de la probité, mais s'il a des talens... Les récompenses sont prodiguées au bel esprit, et la vertu reste sans honneurs. Il y a mille prix pour les beaux discours, aucun pour les belles actions.
[3]) R., Oeuvres t. I, p. 34: Je vois de toutes parts des établissemens immenses, où l'on élève à grands frais la jeunesse, pour lui apprendre toutes choses, excepté ses devoirs. Vos enfans ignoreront leur propre langue; mais ils en parleront d'autres qui ne sont en usage nulle part: ils sçauront composer des vers, qu'à peine ils pourront comprendre: sans sçavoir démêler l'erreur de la vérité, ils posséderont l'art de les rendre méconnoissable aux autres par des

Wenn Montaigne behauptet hatte, dass die Wissenschaften und Künste den kriegerischen Eigenschaften schadeten[1]), und die Meinung, dass sie den Sitten überhaupt nachteilig seien, nur unbestimmt ausgesprochen hatte, giebt ihr Rousseau in seinem Discours sur les sciences et les arts unverhohlen Ausdruck. Die Leidenschaft des Genfer Gefühlsmenschen schiesst über die Gelassenheit des perigordischen Denkers hinaus. Doch scheint mir Rousseau gerade in dieser Hintansetzung des Intellektuellen gegenüber dem Ethischen direkt auf Montaigne hinzuweisen und zwar um so deutlicher, als Rousseau meines Wissens der einzige ist, bei dem sich der Gedanke Montaignes, Künste und Wissenschaften seien der Tugend schädlich, wieder vorfindet. Locke setzt zwar auch die Charakterbildung über die wissenschaftliche, aber er hütet sich wohl vor dem Extrem, in das Montaigne und besonders Rousseau gefallen sind.

Rousseau schliesst die Erziehung seines Schülers mit Reisen ab. Auch Montaigne empfiehlt das Besuchen fremder Gegenden. Doch herrscht hierin zwischen beiden ein grosser Unterschied. Während nämlich Montaigne verlangt, dass man den Zögling von zarter Kindheit an in der Welt herumführe, lässt Rousseau seinen Emil die Reisen erst im reiferen Alter unternehmen.[2])

Die meisten pädagogischen Anschauungen Montaignes finden sich also, wie aus meiner Darstellung hervorgeht, bei Rousseau wieder. Auch ist aus ihr ersichtlich, dass Rousseau in manchen Punkten über Montaigne hinausgeht und dass er sich in einigen sogar im Gegensatze zu ihm befindet — Thatsachen, die die oben angeführten Behauptungen Baurs und Nisards höchst gewagt erscheinen lassen. —

Nachdem ich nun gezeigt habe, dass zwischen den pädagogischen Ansichten Montaignes und Rousseaus zwar keine völlige Übereinstimmung, aber doch eine grosse Ähnlichkeit besteht und dass schon deswegen ein Einfluss des ersten auf den zweiten wahrscheinlich ist, erübrigt mir noch, nachzuforschen, ob Rousseau unmittelbar aus den Essais geschöpft hat oder ob deren Inhalt ihm durch andre Bücher bekannt geworden ist.

argumens spécieux; mais ces mots de magnanimité, d'équité, de tempérance, d'humanité, de courage, ils ne sçauront ce que c'est.
[1]) Essais t. I, p. 174: Les exemples nous apprennent, et en cette martiale police, et en toutes ses semblables, que l'estude des sciences amollit et effemine les courages.
[2]) R., Oeuvres t. VIII, p. 442: Des voyages.

Da ist denn zunächst zweifellos, dass Montaigne auf Rousseau indirekt durch Locke eingewirkt hat. Locke hat in seinen Thoughts concerning education die Essais ausgiebig benutzt. Schon Coste, ein Zeitgenosse Lockes, der dessen „Gedanken über Erziehung" ins Französische übersetzte[1]), hat das nachgewiesen. Achtundzwanzig Stellen führt er bei Locke an, die direkt auf Montaigne hinweisen; darunter befinden sich viele, die diesem wörtlich entnommen sind. Neuerdings hat auch Carl Max Mehner in einer Dissertation die Richtigkeit von Costes Behauptung, dass Locke stark von Montaigne beeinflusst worden sei, durch genaue Ausführungen zur Genüge bestätigt. So sicher es nun ist, dass Locke aus den Essais geschöpft hat, ebenso unbestreitbar ist es auch, dass die „Gedanken" Lockes von Rousseau gekannt und benutzt worden sind. Zehnmal kommt dieser, wie ich gefunden habe, in seinem „Émile" auf sie zu sprechen, sie billigend oder tadelnd.[2])

So ist also ein indirekter Einfluss Montaignes auf Rousseau leicht nachweisbar, und es fragt sich nun noch, ob die Essais dem Genfer Pädagogen nicht auch als direkte Quelle gedient haben. —

Rousseau nennt öfter die Bücher, mit denen er sich beschäftigt. So schreibt er in einem Briefe in Versen:

„Tantôt avec Leibniz, Malebranche et Newton,
Je monte ma raison sur un sublime ton;
J'examine les lois des corps et des pensées.
Avec Locke je fais l'histoire des idées;
Avec Kepler, Wallis, Barrow, Reinaud, Pascal
Je devance Archimède et je suis l'Hôpital[3]) —"

---

[1]) De l'éducation des enfans; traduit de l'Anglois. Par M. Coste. Amsterdam 1733.

[2]) R., Oeuvres t. VII, p. 43: Arznei für Kinder betr.
t. VII, p. 120: Das Räsonnieren mit Kindern betr.
t. VII, p. 154: Die Freigebigkeit der Kinder betr.
t. VII, p. 185: Das Lesenlernen betr.
t. VII, p. 208: Die körperl. Abhärtung betr.
t. VII, p. 213 et 214: Inkonsequenzen L.s in der körperl. Abhärtung betr.
t. VII, p. 377: Das Handwerk des Kindes betr.
t. VII, p. 508: L.s Vorschlag über das Studium des Geistigen und Körperl. betr.
t. VIII, p. 43: Den Begriff Substanz betr.
t. VIII, p. 221: Die Zeit betr., wenn L.s Hofmeister den Zögling verlässt.

[3]) Villemain, Tableau de la Litt. franç. au XVIIIe siècle (Nouv. éd. en IV vol. Paris, Didier et Cie. 1859) t. II, p. 227.

und in seinen Konfessionen erzählt er, dass er besonders die Logik von Port-Royal, den Essai von Locke, Malebranche, Leibniz, Descartes und andere studiert habe.[1]) In beiden Stellen ist Montaigne nicht erwähnt, so dass man meinen könnte, Rousseau habe sich mit ihm gar nicht näher befasst. Wenn man aber den Discours sur les sciences et les arts und den „Émile" liest, so begegnet man seinem Namen mehr als einmal.[2]) Oft zitiert Rousseau ganze Stellen aus den Essais Wort für Wort, ohne immer den Autor zu nennen, und zwar beziehen sich diese wörtlich entnommenen Ausserungen meist auf die körperliche Erziehung und auf den Wert des Moralischen gegenüber dem Intellektuellen — ein Umstand, der deutlich zeigt, dass der direkte Einfluss Montaignes auf Rousseau besonders in diesen beiden Punkten zu suchen ist.

Im folgenden will ich nun die Stellen, die Montaigne ganz oder teilweise wortgetreu entnommen sind, anführen und ihnen aus den Essais die entsprechenden Äusserungen gegenübersetzen.

Rousseau.	Montaigne.
T. VII, p. 207 (Émile): Pour lui roidir l'âme, il faut, dit Montaigne, lui durcir les muscles.	T. I, p. 186: Ce n'est pas assez de luy roidir l'ame, il lui faut aussi roidir les muscles.
T. VII, p. 207: En l'accoutumant au travail, on l'accoutume à la douleur; il le faut rompre à l'âpreté des exercices, pour le dresser à l'âpreté de la dislocation, de la colique et de tous les maux.	T. I, p. 187: Or l'accoustumance à porter le travail, est accoustumance à porter la douleur: labor collum obducit dolori. Il le faut rompre à la peine, à aspreté des exercices, pour le dresser à la peine, à aspreté de la dislocation, de la colique, du caustere: et de la geaule aussi, et de la torture.
T. VII, p. 472: Ceux, dit Montaigne, qui écrivent les vies, d'autant qu'ils s'amusent plus aux conseils qu'aux	T. II, p. 119: Or ceux qui escrivent les vies, d'autant qu'ils s'amusent plus aux conseils qu'aux evenemens:

---
[1]) R., Oeuvres (Paris 1819, Chapelet) t. I, p. 383: Je commençois par quelque livre de philosophie, comme la Logique de Port-Royal, l'Essai de Locke, Malebranche, Leibniz, Descartes etc.
[2]) Im Émile: t. VII, p. 207; p. 219; p. 472; } Oeuvres,
t. VIII, p. 67; p. 175; p. 135. } Neuchatel 1775.
Im Discours: t. I, p. 11; p. 16; p. 34.

événemens, plus à ce qui se passe au-dedans qu'à ce qui arrive au dehors; ceux-là me[1]) sont plus propres; voilà pourquoi c'est mon homme que Plutarque.

T. VIII, p. 175: Montaigne dit qu'il demandoit un jour au Seigneur de Langey combien de fois, dans ses négociations d'Allemagne, il s'étoit enivré pour le service du Roi.

T. VIII, p. 135: Entre autres exemples connus, le père de Montaigne, homme non moins scrupuleux et vrai que fort et bien constitué, juroit s'être marié vierge à trente-trois ans, apres avoir servi long tems dans les guerres d'Italie, et l'on peut voir dans les écrits du fils quelle vigueur et quelle gaieté conservoit le père à plus de soixante ans.

T. I, p. 19 (Discours): Depuis que les sçavans ont commencé à paroître, les gens de bien se sont éclipsés.

T. I, p. 11: J'aime, dit Montaigne, à contester et discourir, mais c'est avec peu d'hommes, et pour moi. Car de servir de spectacle aux grands, et faire à l'envi parade de son esprit et de son caquet, je trouve que c'est un métier très-mésséant à un homme d'honneur.

plus à ce qui part du dedans, qu'à ce qui arrive au dehors: ceux-la me sont plus propres. Voyla pourquoi en toutes sortes, c'est mon homme que Plutarque.

T. I, p. 206: Ie pensois faire honneur à un Seigneur aussi eslongné de ces debordemens, qu'il en soit en France, de m'enquerir à luy en bonne compagnie, combien de fois en sa vie il s'estoit enivré, pour la nécessité des affaires du Roy en Allemagne.

T. II, p. 17: Et de soy, iuroit saintement estre venu vierge à son mariage, et si c'estoit apres avoir eu longue part aux guerres delà les monts ... Aussi se maria il bien avant en aage l'an MDXXVIII, qui estoit son trente-troisiesme, sur le chemin de son retour d'Italie.

T. I, p. 169: Postquam docti prodierunt, boni desunt.

T. IV, p. 35: I'aime à contester et à discourir; mais c'est avecques peu d'hommes, et pour moy; car de servir de spectacle aux grands, et faire à l'envy parade de son esprit et de son caquet, ie treuve que c'est un mestier tres messeant à un homme d'honneur.

---

[1]) In der mir vorliegenden Ausgabe steht statt me ne, offenbar ein Druckfehler, der allerdings einen ganz entgegengesetzten Sinn hervorbringt.

T. I, p. 31: Quand les Goths ravagèrent la Grèce, toutes les bibliothèques ne furent sauvées du feu que par cette opinion semée par l'un d'entr'eux, qu'il falloit laisser aux ennemis des meubles si propres à les détourner de l'exercice militaire, et à les amuser à des occupations oisives et sédentaires. Charles VIII se vit maître de la Toscane et du royaume de Naples, sans avoir presque tiré l'épée, et toute sa cour attribua cette facilité inespérée à ce que les princes et la Noblesse d'Italie s'amusoient plus à se rendre ingénieux et sçavants, qu'ils ne s'exercoient à devenir vigoureux et guerriers. En effet, dit l'homme de sens qui rapporte ces deux traits, tous les exemples nous apprennent qu'en cette martiale police et en toutes celles qui lui sont semblables, l'étude des sciences est bien plus propre à amollir et efféminer les courages, qu'à les affermir et les animer.	T. I, p. 174: Quand les Gots ravagerent la Grece, ce qui sauva toutes les librairies d'estre passées au feu, ce fut un d'entre eux, qui sema cette opinion, qu'il falloit laisser ce meuble entier aux ennemis: propre à les destourner de l'exercice militaire, et amuser à des occupations sedentaires et oysives. Quand nostre Roy, Charles huictieme, quasi sans tirer l'espee du fourreau, se veid maistre du Royaume de Naples, et d'une bonne partie de la Toscane, les Seigneurs de la suitte, attribuerent cette inesperee facilité de conqueste, à ce que les Princes et la noblesse d'Italie s'amusoient plus à se rendre ingénieux et sçavans, que vigoureux et guerriers. — Les exemples nous apprennent, et en cette martiale police, et en toutes ses semblables, que l'estude des sciences amollit et effemine les courages, plus qu'il ne les fermit et aguerrit.
T. I, p. 34: l'aimerois autant, disoit un sage, que mon écolier eût passé le temps, dans un jeu de paume, au moins le corps en seroit plus dispos.	T. I, p. 166: l'aymerois aussi cher que mon escolier eut passé le temps à jouer à la paume, au moins le corps en seroit plus allegre.
T. I, p. 34: Que faut-il donc qu'ils apprennent? Voilà, certes, une belle question! Qu'ils apprennent ce qu'ils doivent faire étant hommes, et non ce qu'ils doivent oublier.	T. I, p. 172. A ce propos, on demandoit à Agesilaus ce qu'il seroit advis, que les enfans apprinsent: Ce qu'ils doivent faire estans hommes, respondit-il.

Ausserdem zitiert Rousseau noch einige längere Stellen aus den Essais in Anmerkungen. Vergleiche hierzu:

    bei Rousseau   und   bei Montaigne
    T. I, p. 35   —   T. I, p. 171
    T. I, p. 35   —   T. I, p. 172

So steht denn fest, dass Montaigne Rousseau beeinflusst hat. Überhaupt sind die Gedanken, wie sie besonders im „Émile" ausgesprochen werden, im einzelnen nicht so neu, wie sie dem Laien oft erscheinen mögen. Fast auf jeder Seite findet der, der die Geschichte der Erziehung kennt, Anklänge an frühere Pädagogen, ausser an Montaigne und Locke vor allem an Fénelon, Fleury und Rollin. Dass ferner Rousseaus „Landsleute, der Arzt Belexert und der Doktor Tronchin, gleich ihm den Müttern geraten haben, ihre Kinder selbst zu nähren, dass Bonnet schon acht Jahre vor dem Erscheinen des „Emil" sich gegen die Sitte erhob, mit den Kindern von Gott zu reden, dass endlich die Bücher des Fräulein Huber dem savoyischen Vikar mehr als einen Gedanken und mehr als ein Argument geliefert haben, es würde schwer und überflüssig sein, es zu leugnen."[1])

Mit dem Nachweise jedoch, dass Rousseaus einzelne Ansichten nicht originell sind, kann man seinem Ruhme keinen Abbruch thun. Denn erstens kam es ihm gar nicht darauf an, etwas durchaus Neues ans Tageslicht zu fördern, sondern darauf, sich für das, was er brachte, überall Gehör und thätiges Interesse zu verschaffen; und zweitens hat er die Anschauungen, die er bei andern zerstreut vorfand, durch geistige Assimilation und eigene Zuthat zu einem Werke verwandelt, das als Ganzes ihm allein gehört. Dem Strome vergleichbar, der aus den Zuflüssen entsteht und doch nicht bloss eine Summe von ihnen mehr ist, so hat auch Rousseau die verschiedenen Strömungen der Pädagogik in sich aufgenommen, sie ineinander fliessen lassen und aus ihnen eine neue Erscheinung, seinen „Émile" geschaffen. Mit vollem Rechte sagt Brockerhoff[2]): „Emil ist in der That die langsam gereifte Frucht eines mühsam fortschreitenden, aber selbständigen Denkens. Nichts kann daher ungerechter sein, als ihn seinem Verfasser irgendwie absprechen zu wollen. Er gehört Rousseau nicht bloss durch Form und Sprache, sondern ebenso durch seinen Inhalt. Namentlich ist der Grundgedanke

---

[1]) Brockerhoff, Rousseaus Leben und Werke. 1863. 3. Bd., S. 48 u. 49.
[2]) Brockerhoff, 3. Bd., S. 49.

des Buches und nicht minder die konsequente Durchführung desselben sein eigenstes Werk."

Das sei gesagt, damit man nicht meine, ich stelle mich auf die Seite derjenigen, die mit dem Benediktiner Cajot[1]) den „Émile" als eine Sammlung litterarischer Diebstähle zu brandmarken suchen. Nicht den Zweck soll der Nachweis des Einflusses Montaignes auf Rousseau haben, den schweizerischen Pädagogen zu verkleinern, sondern den — wie ich schon in der Einleitung angedeutet habe —, Montaignes Bedeutung für die ihm folgenden Jahrhunderte zu zeigen und zugleich einem wissenschaftlichen Bedürfnisse zu genügen — dem Bedürfnisse nämlich, die Erscheinungen grosser Männer wie die eines Rousseau psychologisch und historisch zu erklären. Denn wie der Geograph sich nicht mit der Kenntnis vom Dasein eines Alpensees begnügt, sondern nach den Gewässern sucht, die ihn bilden, so forscht auch der Historiker nach der Herkunft der Ideen, die, mit den originellen Ideen der Persönlichkeit verschmolzen, die Gedankenwelt derselben ausmachen.

---

[1]) Dom Joseph Cajot: Les plagiats de M. J.-J. Rousseau de Genève sur l'éducation. Paris et la Haye 1765. — Auch Köhler scheint bezüglich der Anschauungen über die weibl. Erziehung nicht weit von der Ansicht Cajots entfernt zu sein. In seiner Dissertation über „Molières u. s. w." sagt er S. 49: „Bei einem genau durchgeführten Vergleiche würden Fénelons Schritt und Vives' Werke wohl nichts an ihrer Bedeutung verlieren; vielleicht würden aber die Verehrer Rousseaus sich veranlasst fühlen, ihr Urteil etwas gemässigter zu formulieren" — und S. 50: „Nur diejenigen, die nicht die ganze vorausgegangene Entwicklung überschauen, die namentlich Vives und Fénelon nicht studiert haben, schauen mit Bewunderung zu dem Prediger einer vermeintlich neuen Weisheit empor."

Schluss.

Über dreihundert Jahre ist Montaigne nun tot; aber durch seine Gedanken lebt er noch heute unter uns fort. Er selbst zweifelte daran, dass die Seele unsterblich sei, und doch ist ihm eine Unsterblichkeit beschieden, die Unsterblichkeit nämlich, von der Klopstock singt [1]):

> „Reizvoll klinget des Ruhms lockender Silberton
> In das schlagende Herz, und die Unsterblichkeit
> Ist ein grosser Gedanke,
> Ist des Schweisses der Edeln wert."

Vieles, was Montaigne im 16. Jahrhundert über die Erziehung gesagt hat, besitzt noch in unsern Tagen seine Giltigkeit, harrt sogar teilweise noch immer sehnlichst der Verwirklichung, und eingedenk solcher Vorschläge, die auch das 19. Jahrhundert nicht hat ausführen können, glaube ich, für den Abschluss meiner Arbeit keine besseren Worte zu finden als die Ermahnung Guizots [2]): „Avant de prétendre à le devancer, qu'on s'applique à l'atteindre!"

---

[1]) Ode „Der Züricher See."
[2]) G., Méditations etc., p. 431.

Inhaltsangabe.

	Seite
Litteratur	3
Einleitung	5

I. Teil: Montaignes Leben und Persönlichkeit 7
  a) Montaignes Leben. Erziehung im väterlichen Hause S. 7.— Auf der Schule in Guyenne S. 8. — Toulouse, Bordeaux S. 9. — Übersetzung der Theologia naturalis S. 9. — Montaigne auf seinem Stammschlosse; Herausgabe der Schriften seines Freundes La Boétie und der Essais; Maire von Bordeaux S. 9. — Letzte Lebensjahre S. 9.
  b) Montaignes Persönlichkeit. Inhalt der Essais S. 10. — Montaigne Skeptiker S. 11. — Montaigne Epikureer S. 13.

II. Teil: Montaignes pädagogische Anschauungen 14
  a) Erziehungsziel S. 14. — Erziehungsobjekt (Ursprüngl. Natur der Kindesseele und Anlagen des Kindes) S. 16. — Erzieher (öffentliche Schulen, Elternhaus, Hofmeister) S. 21. — Verhältnis zwischen Hofmeister und Zögling S. 22.
  b) Physische Erziehung. Abhärtung des Körpers S. 23. — Entwickelung der körperlichen Kräfte S. 25. — Bildung des Anstandes S. 25.
  c) Intellektuelle Erziehung. Kritik der bisherigen Erziehungsweise S. 26. — Erziehungsweise Montaignes: Schärfung des Urteils: Geistige Assimilation S. 29. — Selbstthätigkeit, Autorität, Zweifel S. 30. — Anschauung S. 32. — Umgang mit Menschen S. 33. — Unterrichtsfächer S. 35. — Lehrzeit S. 35.
  d) Moralische Erziehung. Begriff der Tugend bei Montaigne S. 36. — Wege zur Tugend: Philosophie S. 36. — Direkte Einwirkung des Erziehers auf den Zögling S. 37. — Wert des Moralischen gegenüber dem Intellektuellen S. 38.
  e) Erziehung des weiblichen Geschlechtes. Überblick über die Erz. d. weibl. Geschl. im Mittelalter u. im 16. Jahrh. S. 39. — Ansichten der Kritiker über M.s Stellung zur weibl. Erz. S. 42. — M.s Meinung über die Natur und Bestimmung der Frau S. 43. — Die Frau und die Wissenschaft S. 44. — Die Frau und die Haushaltung S. 46. — Zusammenfassung der pädag. Ansichten Montaignes S. 47.

	Seite
III. Teil: Einfluss der pädag. Anschauungen Montaignes auf Rousseau	48

Einfluss M.s auf das 16. u. 17. Jahrh. S. 48. — Ungenügender Nachweis des Einflusses M.s auf Rousseau durch einzelne Kritiker S. 49. — Einfluss M.s auf Rousseau nachgewiesen

a) an der Übereinstimmung vieler ihrer päd. Anschauungen S. 50.
b) an dem Verhältnis Rousseaus zu Locke und Lockes zu M. S. 55.
c) an dem direkten Verhältnis Rousseaus zu M. S. 55. Originalität des „Émile" und Zweck, den der Nachweis von M.s Einfluss auf Rousseau verfolgt S. 59.

Schluss 61

Lebenslauf.

Ich, Isidor Eginhard Schmieder, ev.-luth., bin geboren den 7. Mai 1872 zu Mittelsaida im Königreich Sachsen als Sohn eines Gutsbesitzers. Für den Lehrerberuf bestimmt, besuchte ich von Ostern 1886 bis Ostern 1892 das Kgl. Seminar zu Zschopau, war dann drei Jahre lang als Hilfslehrer an der Knabenbürgerschule zu Freiberg thätig und bezog nach bestandenem Wahlfähigkeitsexamen die Universität Leipzig, wo ich von Ostern 1895 bis Ostern 1898 immatrikuliert war. Den Sommer und Herbst 1895 benutzte ich zu einem längeren Aufenthalte in Genf, um dort an zwei Ferienkursen für modernes Französisch teilzunehmen. Zu Beginn des 5. Semesters legte ich in Leipzig die pädagogische Prüfung für Pädagogik, Religion, Geschichte, Geographie und gegen Ende des 6. Semesters eine Erweiterungsprüfung für Französisch und Latein ab. An Vorlesungen habe ich die der Herren Professoren Biedermann, Fricke, Hofmann, Heinze, Lamprecht, Marcks, Pückert, Ratzel, Fr. Settegast, Strümpell, Volkelt, Weigand und Wundt gehört. Ferner habe ich mich an den Seminarübungen der Herren Professoren Seeliger, Volkelt und Weigand beteiligt. Allen genannten Herren spreche ich hierdurch meinen ehrfurchtsvollen Dank aus.